KB204285

뜻밖의 선물

믿음이란 한 알의 밀알이 땅에 떨어져 죽음으로 많은 열매를 맺음과 같이 진리의 열매를 위하여 스스로 죽는 것을 뜻합니다. 눈으로 볼 수는 없으나 영원히 살아 있는 진리와 목숨을 맞바꾸는 자들을 우리는 믿는 이라고 부릅니다. 「믿음의 글들」은 평생, 혹은 가장 귀한 순간에 진리를 위하여 죽거나 죽기를 결단하는 참 믿는 이들의, 참 믿는 이들을 위한, 참 믿음의 글입니다.

뜻밖의 선물

홍 석 환 지음

홍성사.

■ 일러두기

• 본문에 인용한 성경구절은 주로 '공동번역성서'를 사용했으며, 출처가 다른 것은 별도 표기했습니다.

• 편지글 가운데 영문으로 작성된 것은 저자가 번역했으며, 이해를 돕기 위해 원문을 같이 실었습니다.

차 례

글을 시작하며

　한평생 살면서 괴롭고 힘든 일 없는 사람 누가 있겠습니까만, 눈에 넣어도 아프지 않을 아들을 앞서 보내는 것은 생살을 도려내는 아픔 그 이상이었습니다. 그 아픔은 말로 표현할 수 없고, 한다 해도 극히 일부분에 지나지 않는다는 것을 같은 아픔을 겪어 본 부모들은 잘 아실 것입니다. 자식을 잃지는 않았다 해도 자녀를 키워 보신 분이라면 그것이 어떤 것인지 공감하실 수 있을 것입니다.

　글을 쓰고자 지나온 일들을 돌이켜 짚어 보려니 잊히어 아물어 가던 상처를 후벼 파는 것 같아 무척 고통스러웠습니다. 그래서 시작하다 그만두고, 시작하다 그만두기를 여러 번. 그렇게 지난 시간이 벌써 몇 년인지…….

내가 목사이니, 아들의 죽음을 어떻게 보고 느꼈는지 그리고 그런 경험을 한 이후에 고통과 죽음 그리고 삶에 대해 어떤 시각을 갖게 되었는지 등을 함께 나누면서 같은 일 당한 분들에게 조금이나마 위안을 드리고 싶었습니다.

이 문제를 실존적으로나 신학적으로 정리를 해야 설교도 할 수 있겠고 이런 문제로 힘들어하는 분들께 도움이 되는 목회를 할 수 있겠다 싶어 다시금 용기를 내어 글을 썼습니다. 아픔을 겪으신 분들이나 겪고 계신 분, 혹은 앞으로 겪을 분들에게 도움이 되었으면 좋겠습니다.

어려운 시간을 함께하며 눈물 흘려 기도해 주신 북부보스턴 한인연합감리교회 교우들, 메인 무지개교회 교우들, 이름 모를 여러 분들의 염려와 사랑에 빚을 많이 졌습니다. 아들도 세상을 떠나면서 교우들의 정성과 사랑에 보답하지 못하고 먼저 가게 되어 많이 미안하다고 했습니다. 이 빚을, 온 교우들을 아들처럼 사랑하며 말씀과 돌봄으로 정성껏 목회하는 것으로 하나씩 하나씩 갚을 수 있기를 기도하고 있습니다.

작년 겨울은 유난히 따뜻했습니다. 덕분에 아들의 무덤에 소복이 쌓였던 눈이 이내 녹고 대신 파릇파릇 잔디가 살아 있어 겨울의 황량

함과 스산함을 덜어 주었습니다. 그 사이에 미뤄 왔던 비석도 세웠습니다. 비석에는 이렇게 적었습니다.

Hong Hyun Taek 'Kori'

April 11, 1987 – February 27, 2004

이 글을 씀으로써 이제야 아들의 손을 놓고 정말 떠나보낼 수 있게 되는가 봅니다. 16년 10개월간 저에게 삶의 신비와 고통과 기쁨을 주고 간 사랑하는 아들 현택이를 보내 주신 전능하신 하나님을 찬양합니다!

2008년 6월 홍석환

하나님, 당신이 하십니다

중학교 2학년 때, 로버트 슐러가 지은 《적극적 사고방식》을 선물 받았습니다. 마음만 먹으면 뭐든지 해낼 수 있다는 희망을 주는 책이 었습니다. 희망이 보였습니다. 워낙 가난했던 우리 집이 가난을 벗고, 나도 출세할 길이 보이는 듯했습니다. 얼마 뒤 부흥회가 열렸고 청중을 감동시키는 멋있는 목사님은 제게 우상이 되었습니다. 그 시골에서 모델로 삼을 수 있는 사람은 목사가 유일했습니다.

열심히 살았고, 1970년대 깡촌에서 서울로 유학 가는 첫 성공을 맛보았습니다. 이후 고향에 내려갈 때면 수재라는 칭찬을 달고 살았지만, 서울에서는 평균 이하에서 허덕이는 학생이었습니다. 우월감과

열등감이 공존하는 세월이었습니다. 그러나 그때에도 로버트 슐러의 적극적 사고방식은 유효했습니다.

졸업을 하고 철도 공무원으로 임명받아 대전으로 내려왔습니다. 그냥 하위직 공무원으로 만족할 수 없어 한남대학교(당시 숭전대학교) 야간대학 영문과에 들어갔고, 졸업 후 곧바로 목원대학교 신학대학원에 입학했습니다. 그리고 전도사가 되었고, 유학을 왔고, 박사 과정 공부차 보스턴에 왔습니다. 모두 계획된 일이요, 돈 한 푼 없이 여기까지 온 것 모두가 로버트 슐러의 적극적 사고방식 덕분이었습니다. 기고만장 했지요. 세상은 내가 마음먹은 대로 잘 돼 왔습니다. 대부분 학생들은 목회하면서 중간에 학업을 포기하지만 저는 포기하지 않았습니다. 저는 포기해서는 안 되는 사람이었거든요.

몇 번의 고비가 있었습니다. 결핵 때문에 학업을 중단하고 마운트 어번 병원에 입원하기도 했습니다.

"암 검사도 해야 할지 모르겠습니다."

의사의 말이 가슴을 옥죄어 왔습니다. '이 병실에서 이대로 죽어 갈 수도 있겠구나!' 하는 생각이 들면서 세 살 난 현택이 얼굴이 먼저 떠올랐습니다.

꿈을 안고 들어섰던 첫 목회(심방전도사)는 무척 실망스러웠습니다. 그래서 목회를 접고 공부에 발을 들여놓았는데, 이제 여기서 공부도 중단하고 인생도 마감해야 할지 모른다는 두려움이 몰려왔습니다.

깊은 밤, 드디어 병원 바닥에 무릎을 꿇었습니다. 신학을 시작한 지 6년 만의 일입니다. 유학도 계획대로 왔고, 박사 과정도 계획대로 착착 진행되는데 이게 웬일이랍니까? 내 생각대로 되는 줄 알았습니다. 마음만 먹으면 뭐든 내 뜻대로 다 이루어지는 줄 알았습니다. 그런데 그 모든 걸 중단하고, 어쩌면 인생을 마감할지도 모르는 상황에 맞닥뜨린 것입니다. 그래서 나도 모르게 고백하고 말았습니다.

"주님, 내 인생 내 맘대로 안 되는 줄 이제야 알았습니다. 어떻게 하면 좋습니까?"

"너 목회한다고 하지 않았는가?"

"교회 가서 목회할 자신이 없습니다. 공부해서 목회자들 가르치겠습니다."

"뭐 때문에 공부하는데?"

"주님의 교회입니다."

그 대답을 하는 순간 머리가 띵했습니다. 잊고 있었던 것입니다. 목회하는 목사들에게 데고, 교회에 환멸을 느끼며 교회를 잊고 있었던 것입니다.

검사 결과가 나왔습니다. 다행히 경미한 폐결핵이었습니다. 이후 전염성이 차단되고부터는 퇴원해서 통원 치료를 받았습니다.

한 달여 뒤, 출석하는 교회 교인의 삼촌에게 연락이 왔습니다. 설교를 해 줄 수 있느냐는 것이었습니다. 안수도 받지 않았고 목회할 생각이 없다고도 말씀드렸지만, 그냥 와서 설교만 좀 해 달라는 거듭되는 부탁을 끝까지 거절하지 못하고 결국 강단에 섰습니다. 그렇게 다시 목회에 발을 들여놓았습니다.

우여곡절 끝에 드디어 미국연합감리교회 정회원 목사로 안수도 받고, 꿈에도 소원이던 박사 논문 디펜스도 마쳤습니다. 눈이 온 천지를 덮은 2월, 논문 디펜스를 마치고 메인을 향해 차를 몰았습니다. 얼마를 달리다 테이프 하나를 집어 들어 넣었는데, 평소 좋아하던 동요가 흘러나왔습니다.

"나무야, 나무야, 겨울 나무야. 눈 쌓인 응달에 외로이 서서……."

순간, 눈 쌓인 응달에 외롭게 서 있는 나무가 다름 아닌 저 자신이라는 생각이 문득 들었습니다. 눈물 때문에 운전을 할 수 없었습니다. 뉴햄프셔로 진입하는 95번 도로가에 차를 세우고, 이유도 없이 흘러나오는 눈물을 그저 쏟으며 하염없이 울었습니다.

그러나 그것이 계시였던 모양입니다. 아들을 먼저 떠나보내야 하는 일이 벌어진 것입니다. '하면 된다. 안 되면 되게 하라'는 로버트 슐러교가 더 이상 효력을 발휘하지 못하고 무력하게 무너지는 순간이었습니다. 내 삶이 외형적 성공이나 지위로 규정될 수 있는 게 아니라는 것, 내 삶은 주변에 함께하는 것들이나 사람들에 대한 사랑으로 표현되는 그 어떤 것이라는 자각이 생겨나기 시작했습니다. 아들을 보내야 하는 그 절체절명의 순간에야 비로소 그토록 질기게 따라붙었던 집착이 떨어져 나가기 시작하고, 거기서부터 깊은 믿음이 시작되었습니다. 은총입니다.

저 잘난 맛에 살아온 세월, 쓸데없는 집착과 망상과 착각으로 뭉쳐 있던 내 영혼이 이제는 더 이상 참을 수 없다고 아우성치며 눈 쌓인 언덕에서 울고 있었던 것입니다. 그리고 2004년 2월 27일, 아들과의 사별로 이 엄연한 진실을 다시 각인시켜 주셨습니다. 거짓된 내 삶에 남아 있던 미련을 남김없이 없애 주신 것입니다. 죄에 대해서 죽고 그리스도의 사랑에 대해서 다시 살아난 저에게 사람됨의 소망을 심어 주신 것입니다.

이 희망은 우리를 실망시키지 않습니다. 우리가 받은 성령께서 우리의 마음속에 하느님의 사랑을 부어 주셨기 때문입니다(롬 5:5).

그리스도 예수를 믿는 사람에게는 ……오직 사랑으로 표현되는 믿음만이 중요합니다(갈 5:6).

암과의 조우

열일곱 현택이가 말기 뼈암이라니!
하나님, 우리 아들 살려 주세요!

작년 이맘때

2004년 2월.

글을 시작하려니 문득 생각에 빠져듭니다.

'작년 이맘때 나는 무엇을 하고 있었는가? 내년 이맘때 나는 또 무슨 일을 하고 있을 것인가? 내가 이 지구상에 있기나 할까?'

작년 이맘때, 우리 아들 현택이는 꿈에 부푼 십대였습니다. 72킬로그램짜리 역기를 자랑스레 들면서 아빠의 약한 근육을 놀리곤 했는데 그 아들이 지금은 없습니다. 사람 일은 아무도 모른다 하더니만 정말 그렇습니다.

작년 이맘때 나는 새로 부임한 교회에서 사람들 사귀느라 바빴고,

현택이는 한국 친구들이 많은 교회에 와서 좋다며 정말 꿈같은 시간을 보냈습니다. 학교에서는 일등을 했고, 좋은 전도사님 만나 기타를 배우더니 중고등부 찬양밴드에도 참여했습니다. 구조대(Life-Guard) 자격증을 따겠다며 수영도 시작했고, 봄에는 좋아하는 테니스에 푹 빠져 지냈습니다. 방과 후에는 친구들과 어울려 피자집도 가고, 밴드 연습도 하고, 다섯 살 때 함께 놀던 옛날 교회 여자 친구를 10년 만에 만나 좋아하며 데이트도 했더랬습니다. 누가 시키지도 않았는데 일등을 놓치지 않으려 밤새워 공부도 했습니다.

"우리 집에서 가장 재미있게 사는 사람은 우리 현택이야" 하며 식구들이 놀리곤 했는데, 그렇게 열심히 재미있게 살던 녀석이 지금은 없습니다. 현택이가 쓰던 방은 텅 비어 있고, 현택이가 입던 옷, 현택이가 좋아하던 기타와 트럼펫, 현택이의 필체가 담긴 일기장 몇 권만 덩그러니 남아 있습니다. 현택이 생각이 나서 무척 힘이 듭니다. 금방이라도 "아빠, 뭐해?" 하면서 씩 웃으며 집 안 어디선가 걸어 나올 것만 같은데, 그 아이가 이제는 없습니다.

내 아들이 죽을 거라 작년 이맘때 상상이나 했겠습니까? 삶은 소유할 재산이나 움켜쥘 물건이 아니었습니다. 관리하거나 조종할 대상도 아니었습니다. 삶은 선물입니다. 하지만 작년 이맘때는 세상살이를 선물로 생각하지 못하고 무엇이든 더 가지려고 안달이 나 있었습니다. 건강한 우리 아이 현택이는 내가 영원히 소유할 수 있는 내 아들인 줄만 알았습니다.

당신께서 휩쓸어 가시면 인생은 한바탕 꿈이요, 아침에 돋아나는 풀잎이옵니다. 아침에는 싱싱하게 피었다가도 저녁이면 시들어 마르는 풀잎이옵니다(시 90:5-6).

휴가를 떠나며

2003년 7월 29일은 아주 무더운 여름날이었습니다. 다음 날 온 가족이 아주 오랜만에 휴가를 떠나기로 한 터라 집 안은 설렘으로 가득했습니다. 그런데 큰아들 현택이가 머리가 아프다며 힘들어했습니다. 가벼운 두통이려니 생각하고 두통약을 먹였는데, 좀체 가라앉지 않고 갈수록 통증이 심해졌습니다.

얼마 전부터 걸을 때마다 다리가 아프다고 했던 일도 있고 해서 우리 가족 담당 주치의인 김 박사님을 찾아갔습니다. 사춘기 아이들이 운동을 심하게 하다 보면 이런 경우가 종종 있다며 엑스레이나 한번 찍어 보자고 했습니다. 그러고는 정형외과 담당의를 주선해 주었습니다. 그런데 엑스레이 사진을 본 담당의사가 어디가 어떻게 아픈지 물어보더니 되도록 빨리 정밀검사를 받으라고 했습니다. 그러면서 그 길로 바로 로렌스 종합병원에 전화해 MRI 예약까지 해 주었습니다. 의사가 하라니 종합병원으로 향했습니다.

병원에 도착할 때 현택이가 너무 아파서 몰핀 주사를 맞추고 휠체어에 태워 검사실로 가 사진을 찍었습니다. 도대체 운동을 얼마나 심하게 했기에 저러나 속이 상하고 불안했습니다. 그날 저녁, 담당의사가 검사 결과를 보더니 우리에게 상의도 하지 않고 소아종합병원 응급실로 예약을 하고 곧이어 앰뷸런스를 부르는 것이었습니다.

소아병원으로 가는 앰뷸런스 안에서 나는 뭔가 심상치 않은 일이 일어나고 있음을 느낄 수 있었습니다. 아내는 사색이 되었습니다. 부모가 갖는 특유의 육감 같은 것이었습니다. 그러면서도 별것 아닐 거라 계속 되뇌며, 불안해하는 아들을 다독거렸습니다. 하지만 마음 같지 않더군요. 한여름인데도 몸이 사시나무 떨듯 떨렸습니다. 그러자 아들아이가 떨고 있는 나를 걱정스런 눈으로 보며 "아빠, 나 괜찮아" 하고 위로를 했습니다.

앰뷸런스는 소아병동 응급실에 아이를 떨궈 놓고는 떠났습니다. 응급실로 실려 들어가는데 마치 미로로 된 깊은 동굴 속으로 빨려 들어가는 느낌이었습니다. 입원실을 배정받고 검사가 시작되었습니다. 의사가 바뀔 때마다 똑같은 물음에 대여섯 번 대답하고 서류를 작성했습니다. MRI 사진도 다시 찍었습니다. 한국인 2세 의사가 그 사진을 보더니 얼굴이 약간 굳어졌습니다. 그래도 말로는 괜찮을 거라며 우리 두 사람을 위로했습니다. 그렇게 우리 세 식구는 휴가 전날 밤을 하얗게 지새웠습니다.

있을 수 없는 일

7월 30일 아침 7시.

응급실에서 밤을 꼬박 새우고 아침을 맞았습니다. 뚱뚱하고 수염이 긴 노의사가 오더니 자신을 암 전문의 그리어 박사라고 소개했습니다. 순간 가슴이 내려앉았습니다. 어째서 암 전문의가 왔는지 사색이 되어 묻는데, 입이 바짝바짝 타들어 갔습니다. 뭔지 몰랐던 불안감이 현실이 되고 말았습니다. MRI 사진 판독 결과 현택이가 뼈암이라고 했습니다. 영어를 제대로 못 알아들었나 싶어 재차 확인했지만, 'Cancer'라는 분명하고 또렷한 의사의 말은 암이 맞았습니다. 내 아들이 암에 걸렸다는 말에 이미 나는 제정신이 아니었습니다.

"확실합니까? 암이라고 단언할 수 있습니까?"

내가 거듭 다그쳐 묻자 MRI 사진으로 보면 99.9퍼센트 암이라고 차갑게 말했습니다. 온몸이 떨려 오고 말문이 막혀 버리고, 몸에 힘이 쭉 빠지며 그 자리에 주저앉고 말았습니다. 절망의 나락으로 떨어지다가 이러면 안 되겠다 싶어 정신을 바짝 차리고, 그리어 박사에게 그러면 이제 어떻게 해야 하느냐고 절규하듯이 물었습니다.

우선 환자에게 알리라고 했습니다. 현택이에게 암에 걸렸다고 말을 하라니요? 어떻게 그런 잔인한 말을 할 수 있단 말입니까? 아들에게, 내 사랑하는 아들에게 암에 걸렸다는 사실을 어떻게 알린단 말입니까?

그래도 의사에게 듣는 것보다는 아빠가 직접 얘기해 주는 것이 좋을 것 같았습니다. 병실로 들어가기 전, 울지 않겠다고 몇 번이고 다짐했습니다. 아들을 위해 강해져야 한다고 다짐하며 병실로 들어섰습니다. 우선 아들을 꼭 껴안았습니다. 그런데 그만 울음이 터져 나오고 말았습니다. 하염없이 눈물을 흘리며 우는 나를 보고 아들이 불안한 목소리로 물었습니다.

"아빠, 왜 그래? 내가 많이 아파?"

"현택아, 암이란다. 우리 아들 강하니까 이길 수 있지?"

순간 현택이의 눈에서도 굵은 눈물방울이 뚝뚝 떨어졌습니다. 그러더니 이내 이렇게 물었습니다.

"엄마는 알고 있어?"

"아직……."

"아빠, 엄마한테 어떻게 얘기해?"

자기 걱정보다 엄마 걱정부터 하는 아들을 부둥켜안고 둘이 함께 한참을 울었습니다.

잠시 뒤, 그리어 박사가 들어와 내 등을 잔잔히 두드려 주며 몇 가지 설명을 해 주었습니다. 이야기가 모두 끝나고 병실 문을 나서는데 갑자기 눈앞이 캄캄해졌습니다. 하늘이 무너지고 땅이 꺼진다는 말이 실감 났습니다.

'이런 일이 왜 우리에게 일어난 것인가?'

사람들이 오가는 병원 복도에서 하염없이 눈물을 흘리며 울음을 삼켰습니다. 그러다 목이 막혀 도저히 참을 수 없었습니다. 화장실로 들어가니 통곡이 터져 나왔습니다.

세상 천지에 외따로 떨어진 듯 두려움이 엄습해 왔습니다. 무에 그리 서럽고 외롭고 한스러운지 목이 메이고 나중엔 숨이 막혀 울 수도 없었습니다. 현택이가 우리에게 어떤 아들인데, 그 아이에게 이런 몹쓸 병이 생겼단 말인가? 소설에서나 나올 법하고 영화에서나 보던 일이 내게 현실이 되었습니다. 그럴 리가 없습니다. 그리도 건강하던 녀석에게 암이라니 말도 안 됩니다. 처가 식구들 가운데에도 암 환자가 없고, 우리 집에도 가까운 친척 중에는 암 환자가 없습니다. 있을 수도 없고 있어서도 안 되는 일이 내게 일어난 것입니다.

❧

하나님, 우리 아들 살려 주세요!

진통제를 너무 많이 맞아서 그런지 현택이가 자꾸만 토합니다. 원래 먹는 것을 좋아해 너무 먹어서 잘 토하기도 하고, 감기만 들어도 기침하면서 잘 토하던 녀석이니 독한 진통제를 쉬이 삭이기가 어려웠던 것입니다.

열네 살 때 태어난 동생 준택이가 너무 귀엽고 사랑스러워 나중에 소아과 의사가 되겠다던 녀석이 자기가 환자가 되어 이렇게 일찍 소아과 병동에 들어오고 말았습니다.

'하나님! 현택이를 진심으로 환자를 사랑하며 돌보는 의사로 만들기 위해 이렇게 연단하시는 것인지요? 아니면 아비의 죗값으로 아들에게 이런 고통을 주시는 건가요?'

별 생각이 다 들었습니다. 회개도 했다가, 원망도 했다가, 하소연도 하고 애걸복걸 사정도 했습니다. 성경을 읽으면 위로가 되려나 해서 펼쳐 들었지만, 한 글자도 눈에 들어오지 않았습니다. 하나님, 제가 대신 아프면 안 되겠습니까? 이삭을 바치는 아브라함의 심정이 이랬을까 싶었습니다. 기도하려고 병원 채플실에 가 눈을 감았습니다. 마음이 산란해 기도가 안 됐습니다. 그저 이렇게만 되풀이할 뿐이었습니다.

"하나님, 우리 아들 좀 살려 주세요. 이렇게 회개하오니 제발 살려 주세요!"

아내에게는 현택이가 암이라고 차마 말할 수 없어 처음에는 그저 좀 아프다고만 했습니다. 하지만 우리 부자에게서 느껴지는 이상한 기운을 아내가 모를 리 없었습니다. 힘들겠지만 아내도 알아야 할 사실이었기에 나는 먼저 아내를 꼭 안았습니다. 그러자 아내는 나를 밀어내며 떨리는 목소리로 물었습니다.

"여보, 의사가 뭐래?"

순간 또 울음이 복받쳐 올라왔습니다.

"여보, 뭔데? 어디가 어떻게 아픈 건데?"

"우리 현택이가 암이래."

울음을 고르며 가까스로 꺼내 놓은 그 말에 아내는 주저앉듯 쓰러지고 말았습니다.

"어떻게 해, 여보. 우리 현택이 어떻게 해!"

둘이 한참을 붙들고 울다 겨우 정신을 가다듬은 아내는 현택이에게로 달려갔습니다. 암에 걸린 아들을 바라보는 어미의 심정을 어찌 말로 다 형용할 수 있겠습니까? 그러나 엄마는 강했습니다.

아내는 현택이 앞에서 울지 않았습니다. 그리고 애써 태연하게 곧 나을 거라고 현택이를 다독였습니다. 그 모습을 보며 마음이 더 무너져 내렸습니다. 아내의 심정을 누구보다도 잘 알고 있었기 때문입니다.

혹독한 싸움은 이내 시작되었습니다. 현택이는 허리뿐 아니라 다리, 골반, 머리까지 아프다고 통증을 호소했습니다. 그런 아이에게 해 줄 수 있는 일이라고는 몰핀 주사를 놓는 것뿐이었습니다. 자연 구역질도 심해지고 정신이 혼미해지는 횟수가 잦아졌습니다. 지옥이 따로 없었습니다.

'씩 웃어 주기만 해도 든든하고 고마웠는데, 웬 놈의 링거 줄을 주렁주렁 달고 이런저런 검사를 받으며 아무것도 먹지 못하고 저리도 무력하게 누워 있단 말인가?'

속이 상하고 괜스레 서럽고, 왜 이런 일이 내게 일어났는지 원망스럽기만 했습니다. 아들 앞에서는 아무 일도 없는 듯 태연하려 했지만, 돌아서면 눈물이요, 홀로 있으면 불안하고 불길한 기운에 뼛속까지 저려 왔습니다.

'누가 있어 내 마음을 알까? 하나님은 내 심정을 아실까? 이 세상 그 누가 나를 위로해 준단 말인가?'

하나님도 소용없고, 내가 목사라는 사실도 무의미했습니다. 아무것도 잡을 수 없고, 아무것도 보이지 않고 그저 캄캄하기만 했습니다. 오직 아들 아픈 것만 현실로 다가와 세상이 온통 암 덩어리로 가득한 듯했습니다.

어려운 시련을 주신 하늘의 뜻을 물어봅니다. 세상사 하나님의 뜻 안에 있을 진대 우연은 없을 것입니다. 홀로 있을 때는 왜 제게 이런 시련을 주셨는지, 어떤 뜻이 담긴 것인지 묻고 또 물어봅니다. 분명 무슨 뜻이 있을 것인데 지금은 그게 뭔지 모르겠습니다.

어느 날 현택이가 이렇게 담담히 말해 주었습니다.

"아빠, 하나님이 내게 주신 시간이 16년이면 우리가 아무리 살려 해도 소용없는 일이에요. 하지만 이렇게 힘든 일을 주신 데는 뜻이 있고, 저를 통해서 하나님이 이루시려는 큰 뜻이 있다면 어떻게 해서든 나을 테니 아빠 너무 염려하지 마세요. 내가 내 뜻대로 이 세상에 오지 않았듯, 내가 이 세상을 떠나는 것도 내 뜻대로 가는 것이 아니잖아요. 아빠, 나는 괜찮아요. 걱정 마세요."

이게 열여섯 살 난 아이의 입에서 나올 소리입니까? 그건 바로 아들을 통해서 하나님이 저에게 주신 음성이었습니다. 그러고는 이렇게 말했습니다.

"아빠, 제가 아프기 때문에 이제부터는 인생을 아주 의미 있게 살 것 같아요."

미리 죽어 오늘을 사는 우리 크리스천의 삶을 실감합니다. 이 어려움을 통해서 나눔의 신비를 경험합니다. 대가를 바라지 않는 베풂, 판단하지 않고 있는 그대로 받는 들음, 조건 없는 사랑은 인생의 가장 귀한 사명이라는 것을 알게 해 주셨습니다. 모든 인간은 한 형제자매처럼 고통으로 연결되어 있고 함께 성장해야 할 힘든 인생을 살아야 한다는 사실입니다.

고맙습니다. 늘 눈물로 바라봐 주시는 따뜻한 시선, 말하지 않아도 교우들의 마음 다 느낄 수 있습니다. 함께 느껴 주는 마음은 저희에게 큰 위로이며 힘이 됩니다. 하나님은 내가 원한다고 해서 모든 것을 다 주시지는 않지만, 내가 필요한 것은 항상 주시는 분이심을 믿습니다. 전해 오는 여러분의 무조건적인 사랑은 말할 수 없는 위로가 됩니다. 가슴이 한없이 시려 오는 순간, 절망과 고통과 안타까움으로 잠 못 이루며 지내온 지난 며칠은 제가 경험한 가장 깊은 죽음의 골짜기였습니다. 하지만 골짜기의 폭풍을 통해서 계곡의 아름다움도 함께 볼 수 있는 은총도 주신다 했던, 언젠가 제가 했던 설교가 실감납니다.

지금은 한 가지만 생각하고 싶습니다. 어렵지만 교우들의 기도와 함께 치료를 위해 최선을 다하는 것이고, 가능한 모든 방법을 찾아보는 것입니다. 그러한 연후 그분의 뜻이라면 남아 있는 시간을 가장 귀하게 보내고 싶습니다. 하지만 사실 아직 거기까지 생각하고 싶지는 않습니다.

앰뷸런스를 타고 소아병원으로 가 밤샘을 하고 아침에 암이라는 진단을 받고 미친 사람처럼 병원을 헤매고 통곡을 하면서 하루를 보내고, 정확한 진단을 기다리던 피를 말리는 순간들, 그리고 절망적인 진단의 내용을 듣고 하늘을 바라보며 하염없이 피울음만 삼키던 순간들마다 여러분의 간절한 기도를 생각하며 잘 견뎌 내고 있습니다. 요즘은 광야에서 만나를 매일 받아먹은 이스라엘 백성과 비슷합니다. 하루하루 가능한 방법을 찾아 가면서 순간순간 최선을 다해 살고 있습니다. 하나씩 한 걸음씩 그렇게 가고 있습니다.

아침에 현택이를 휠체어에 태우고 산책하면서 나뭇가지로 비쳐 오는 햇살이 그렇게 아름답고 고마울 수 없었습니다. 살아 있음의 신비와 은총입니다. 예전엔 그리 보지 못했던 새로운 모습입니다.

여러분 모두의 기도와 사랑에 깊은 감사를 드리며, 너무 염려하지 마시고 기도만 해 주십시오. 주님의 은총을 기도합니다.

악성 뼈암

어떤 암인지 어느 정도 진행된 상태인지 가늠하는 검사가 시작되었습니다. 검사가 끝나고, 결과를 기다리는데 온몸에 피가 마르는 것 같았습니다.

'설마 많이 진행되었을라고. 그럴 리 없다. 그렇게 운동을 많이 해 건강하던 녀석인데……. 그다지 심각하진 않을 거야.'

스스로 위안을 했습니다. 하지만 아이의 상태를 보고 있노라면 그 생각이 싹 가셨습니다.

'머리도 아프고 다리도 아프다면 이미 전신에 퍼져 있다는 게 아닐까?'

검사가 있던 날, 병실에서 새우잠을 자며 외마디 기도만 계속했습니다.

"살려 주세요. 하나님, 우리 아들 살려 주세요."

그러다가 부족할 것 같으면 이렇게 덧붙였습니다.

"하나님, 앞으로 잘하겠습니다. 목사 노릇도 제대로 하겠습니다. 지금까지 잘못한 것 있다면 용서해 주세요."

그리고 내가 배운 예수기도를 밤새도록 주문처럼 외웠습니다.

"예수 그리스도여, 나를 불쌍히 여기소서! 주님, 자비를 베풀어 주소서."

피를 말리는 며칠이 지나고 의료진들과의 회의가 소집되었습니다. 아들이 걸린 암은 악성 뼈암(Ewing Sarcoma)으로, 아주 공격적인 뼈암이라고 했습니다. 7, 8세를 전후로 유전자가 돌연변이를 일으켜 생긴 것으로 상태는 4기(말기)요, 이대로 가면 한 달을 채 못 넘길 것이라고 했습니다. 항암 치료, 방사선 치료를 하면 생존할 가능성이 5퍼센트 있으나 재발률이 아주 높으며, 암 치료가 또 다른 암을 유발할 수도 있다고 했습니다. 통역을 맡은 의사가 전혀 무표정한 모습으로 이 엄청난 사실을 전하는데, 너무 야속하고 잔인해 보였습니다.

내 아들이 암에 걸렸다는 사실도 아직 받아들이기 어려운데, 한 달안에 죽게 될지도 모른다니요! 곁에 있던 아내는 "어떻게 해! 어떻게 해!" 하더니 결국 정신을 놓고 쓰러지고 말았습니다.

그날 밤, 비가 추적추적 내렸습니다. 내리는 비를 보면서 비를 머금고 초록을 더해 가는 여름나무처럼 아들의 몸과 영혼에 하나님의 치료의 비가 흠뻑 내리기를 기도했습니다.

막상 진단을 받고 보니 올 것이 온 것처럼 냉정해졌습니다.

'사실이 뭐냐? 내 아들이 뼈암 말기다. 현택이의 생명은 한 달을 넘기지 못할 수도 있다. 그래서 절망적인 상황이다. 절망은 희망이

없다는 말이다. 그렇다면 이제부터 어떻게 해야 하나?'

공책을 꺼내들어 내가 처한 현실을 냉정하게 써 보았습니다. 그리고 앞으로 내가 할 수 있는 일들을 하나씩 적어 보았습니다.

위기 때 더 강해지는 게 부모인지 아내도 맘을 단단히 고쳐먹는 것 같았습니다. 아내는 우리마저 약해지면 안 된다며 먹을 것부터 찾았습니다. 눈물을 삼키며 아픔을 참으며 바나나를 꾸역꾸역 삼키는 아내의 모습이 안쓰럽기도 하고, 한편 성스럽기까지 했습니다. 그런 아내를 보며 나도 마음을 다졌습니다.

'그래 싸워 보자! 절대 포기는 없다. 병이 생겼으면 고칠 수도 있다. 한번 해 보자.'

진단이 내려지고 치료 일정이 잡혔습니다. 병원의 계기 소리가 유난히 크게 들리는 이 적막한 밤에 참기 어려운 고통을 주신 주의 뜻을 물어봅니다. 아직은 좁은 소견으로 헤아리기 어렵습니다. 받아들이기도 어렵거니와 견디기도 힘이 듭니다.

낙관도 비관도 할 수 없는 어려운 싸움이 당분간 계속될 것 같습니다. 1년에 걸친 약물 치료(키모세라피)와 방사선 치료(레디에이션)가 병행되어야 한다고 합니다. 김 선생님께서 추천하신 자연 치료도 병행하여 면역 효과를 높이는 방식도 함께 하려 합니다. 병명이나 상태에 대해서 자세히 알려 드리지는 못하겠습니다. 일일이 설명하기도 어렵거니와 만나는 분마다 이해시키는 일은 저희에게 여간 부담되는 일이 아닙니다.

두 가지를 기도해 주십시오. 약물 치료를 잘 견딜 수 있는 힘과, 치료가 끝난 뒤 재발하지 않도록 하는 것입니다. 후유증도 최소화되었으면 좋겠습니다. 약물 치료가 시작되면 고통은 감소되거나 금방 사라진다고 합니다.

여러분도 얼마나 상심하시고 가슴 아파하시는지 잘 압니다. 방문이 제한되어 있다 해도 못 참고 찾아와 위로해 주시는 분들이 간혹 계십니다. 만일 오시더라도 현택이 앞에서는 울음을 자제해 주십시오. 그렇지 않아도 마음을 다지며 투병을 준비하는 아이인데 여러분의 눈물을 보면 의기소침해합니다. 물론 자기를 사랑하는 눈물임을 알지만 가시고 나면 우울하고 침통해져서 저희들이 더 힘이 듭니다.

교우 여러분의 따뜻한 사랑과 기도로 저희들은 잘 견디고 차분히 치료에 임하고 있습니다. 절망하거나 실망하지 않고 생명을 주신 하나님의 사랑에 모든 것을 맡기고 의지합니다. 행여 이 일로 교회가 시험에 들까 염려도 됩니다. 모쪼록 이 고통이 우리의 믿음이 불같이 연단받고 순수하게 정화되는 계기가 되길 기도하고 있습니다.

마음 놓고 치료에 임하고 또 어려운 순간에 눈물의 기도로 함께하여 주신 교우들의 사랑으로 잘 이겨 나가고 있습니다. 더 이상 방법이 없다고 생각될 때에도 늘 생명의 빛과 힘을 주시는 하나님의 손을 굳게 잡고 끝까지 잘 견뎌 나가겠습니다.

치료에 익숙해지고 새로운 환경에 적응이 되는 대로 교회로 돌아가겠습니다. 유 전도사님, 오 전도사님, 최 전도사님 송별예배 때는 잠시 들러 함께 예배를 드리고 9월부터는 부분적으로나마 교회 일을 할 수 있을 것 같습니다. 지금은 아들의 치료 외에 보이는 것도 들리는 것도 없습니다. 차분히 현실을 직시하고 믿음을 굳게 지키며 이런 상황이 아니면 볼 수 없는 귀한 섭리를 깨달을 수 있도록 기도해 주십시오.

어려운 순간이지만, 감동 받고 감동 주는 여러분과 저의 사랑이 삶에 대한 유일한 해답임을 절실히 느끼고 있습니다. 앞으로 교회 전체가 이 일로 어두워지지 않고 오히려 환난 중에 기뻐하는 의연한 모습, 그리고 무엇을 주시든지 어디로 이끄시든지 복종하며 주님의 선한 뜻을 이뤄 내는 우리들이 되기를 간절히 기도합니다.

갑작스레 밀려온 이 감당키 어려운 짐을 그리스도 예수께 내려놓습니다. 수고하고 무거운 짐을 진 사람들을 부르시는 음성 따라 이 밤 주님 품 안에서 쉬어 갈 수 있으면 좋겠습니다.

키모세라피

치료가 시작되었습니다. 우선은 키모세라피(이하 키모)입니다. 독한 약을 아들의 혈관에 주사할 때 나는 똑바로 보지 못했습니다. 살기 위해 독을 주어야 하는 셈인데, 그래도 그 길만이 살 길이라니 그리할 수밖에 없었습니다. 그 약으로 생기는 어떤 부작용도 감수하겠다는 서명을 하고서야 약이 투입됐습니다. 고맙게도 투약하는 날부터 차도가 있었습니다. 토하면서 힘들어하긴 했지만 통증이 사라져 그나마 큰 위안이 되었습니다.

졸지에 당한 담임목사의 어려움에 교인들은 어찌할 바를 몰랐습니다. 사람들은 어려움에 처한 자를 어떻게 위로할지 잘 몰랐습니다. 저와 현택이를 너무 사랑한 나머지 위로는커녕 혼을 내는 분도 계셨습니다. 어떤 분은 자녀를 잃은 자기 설움을 떠올리며 대성통곡하시기도 했습니다. 어떤 분은 그저 바라보기도 안쓰러운지 눈을 맞추지 못하고 어쩔 줄 몰라 하시기도 했습니다.

약값에 보태라며 억지로 호주머니에 돈을 넣어 주시는 분이 있는가 하면, 어떤 분은 저녁을 맛있게 준비해 와 먹으라고 성화를 대시기도 했습니다. 엉거주춤 어색한 상황 속에서도 마음은 하나였습니다. 어떻게 해서든 어려움 당한 가족을 위로하려고 애쓰며 사랑을 담뿍 안겨 주고 가셨습니다. 슬픔과 고통 중에 피어오르는 사랑의 아름다운 꽃들이었습니다.

며칠이 지나자 암세포는 현저하게 줄어들었고 아들은 진통제 없이도 통증을 느끼지 않았습니다. 다만 독한 키모 때문에 머리가 빠지기 시작했고, 아내는 서둘러 현택이의 머리를 깎아 주었습니다. 철모르는 두 살짜리 준택이도 머리를 깎아 주니 자기도 형아처럼 되었다고 좋아했습니다. 퇴원하는 차 안에서 아들은 걱정하는 아빠를 위로해 주었습니다.

"아빠! 걱정하지 마. 나 잘 싸울 수 있어. 하나님께 맡기고, 아빠 우리 편안히 지내자. 응?"

첫 번 키모를 받으며 몸은 좋아지는 듯했습니다. 하지만 눈가에 드리운 검은 기운이 왠지 죽음의 그림자 같아 두렵기만 했습니다.

친구들아 안녕!

2003년 8월 2일

친구들아 안녕! 나는 지금 병원에 있어. 여러 가지 검사를 하고 몇 가지 수술을 받았어. 마취와 진통제 때문에 속이 울렁거리고 구역질이 난다. 날 위해 기도해 주어 고마워. 암에 걸렸다는 소식을 듣고 충격이 무척 컸어. 그렇지만 이렇게 기도해 주고 성원해 주는 너희들이 있어 많이 힘이 돼. 지금은 아파서 많이 쓸 수가 없다. 그저 너희들 모두에게 감사하다는 얘길 전하고 싶어.

2003년 8월 17일

친구들에게 내 상황이 어떻게 돌아가는지 알리고 싶어 글을 쓴다. 약물 치료는 잘 되고 있어. 건강할 때나 키모 치료 받을 때나 별반 다를 게 없다. 내가 병원에 들어올 때 이미 암은 말기인 4기로 전신에 퍼졌다고 해. 그리고 키모 치료와 자연 치료를 병행할 것 같아. 나를 위해 너희들 모두가 기도해 주어 참 고맙다. 정말 간절히 하나님께 너희들의 기도와 내 기도를 들어 주십사 기도하고 있단다.

비록 내가 너희들과 함께 지낼 수는 없겠지만, 뉴잉글랜드 어라이즈 수련회 장소를 방문하는 것은 참으로 기막힌 아이디어 같아.

우선 지금부터 마음을 편하게 먹으려고 해. 그리고 아마 3학년을 2년 다녀야 할 것 같아. 내 등수가 내려가겠지만 건강하게 될 수만 있다면야 그게 문제

겠니?(한숨) 다음 주에 면역력이 높아질 것 같아. 나하고 지내고 싶으면 전화들
해라. 집에서 아무것도 안 하고 지내는 것이 너무 무료할 것 같아.

Mail to Friends from the Sick Bed

Hey, everyone! I'm in the hospital right now. I've been getting a lot of tests and a
couple of surgeries done on me. Because of all the Anesthesia and the morphine I've
been feeling really nauseous and I've been throwing up everything lately. I just wanted
to thank everyone for praying for me. I was shocked when I found out that I had this
disease but I'm grateful that I have so many supportive friends. I can't type to much
because I feel sick. Thanks again everyone.

(Saturday, August 02, 2003)

Hey, everyone! I just wanted to update everyone on my situation. Chemo is going
great actually. I don't feel any different than when I was healthy. I guess the cancer
spread a lot(stage 4) when I first went into the hospital so I'm going to have to get
Chemotherapy along with the alternative treatment. Thanks to all of you that prayed
and are still praying for me, I really think that God is answering yours and my prayers.
Visiting Arise Retreat was awesome I was really looking forward to going but at least I
got to visit. I have to take things easy from now on so I think I'm going to have to
stretch my Junior year for 2 years. There goes down my ranking but as long as I get
better... 'sigh' Next week my immune system is supposed to be high so if you want to
do something, call me. It is so boring sitting at home doing nothing.

(Sunday, August 17, 2003)

여보, 우리 끌려 다니진 말자!

집으로 돌아왔습니다. 키모 투약으로 고통은 멈췄고, 약의 반응을 기다리며 고통스런 투병이 시작된 것입니다. 집으로 돌아온 그날 온 가족이 함께 감사 기도를 올렸습니다. 무엇이 감사한지 하나하나 열거하지는 못했지만 가족이 모두 함께 있을 수 있는 것만도 참 많이 감사했습니다. 그날 밤 나는 아내와 다짐을 했습니다.

"여보, 어차피 일어난 일이고, 우리가 할 수 있는 일이란 기도하며 기다리는 일밖에 없어. 괜히 자기연민에 빠져서 아이들이나 교인들께 짐을 지워서는 안 돼. 그건 우리 자신에게도 별로 안 좋아. 어차피 겪어야 할 일이라면 끌려 다니진 말자. 슬픔과 절망에 빠져 허우적대진 말자. 우리 정신 똑바로 차리고 고통의 끝이 어떻게 생겼는지 지켜보면서 병을 이기자. 병을 얻었지만 우리가 병 자체는 아니잖아? 고통에 무기력하게 무너지지 말고 적극적으로 맞아 싸워 보자."

이런 이야기가 있습니다. 실수로 냉장차에 갇힌 철도청 직원이 약 일곱 시간 만에 시체로 발견되었습니다. 냉장차에 갇힌 그는 온 힘과 목청을 다해 문을 두들기며 소리쳤으나 퇴근 후의 한적한 역 구내였는지라 아무도 오지 않았습니다. 냉장차에 갇혀 밤을 새우면 죽을 것이라는 두려움에 떨다 정말 죽고 말았습니다. 그런데 새벽에 이 냉장차를 열어 본 기술자는 냉장 장치가 고장 나서 냉장차 안이 얼어 죽을 만큼 춥지 않았다는 사실을 발견합니다. 이 사람이 죽은 것은 바로 생각 탓이었습니다. 냉장차니까 으레 얼어 죽을 거라고 생각해 스스로 삶을 포기했던 것입니다.

고장 난 냉장차에서 죽는 사람이 어디 철도청 직원뿐이겠습니까? 뭔가 뜻이 있어 시련을 주시는 것이니 할 수 없이 끌려 다니지 말고 적극적으로 맞아 싸워 보자고 다짐을 했습니다. 그때는 그게 오기인지 믿음인지 몰랐지만 하여튼 무슨 생각인지 결전의 의지를 결연히 다지게 했습니다.

그런데 우리를 바라보는 사람들의 시선은 그렇지 않았습니다. 불쌍한 사람으로 보았습니다. 재수 없어서 몹쓸 병에 걸렸다고 보는 사람도 있었습니다. 나 또한 예전에 남들에게 그런 시선이었을지 모릅니다. 또 사람들이 관심을 보이지 않으면 서운하고 너무 관심을 보이면 귀찮고 통 내 마음을 알 수 없었습니다.

투병을 하면서도 목회는 계속되었습니다. 교회 일은 전도사님들께 맡기고 휴가를 가라고 교우들이 배려해 주었지만, 24시간 환자 곁에 있지는 않아도 되고 아내와 낮과 밤 교대로 아이를 돌볼 수 있어 그렇게 하지는 않았습니다.

만나는 사람들에게 일일이 병의 내용과 투병생활을 설명해야 하는 것도 고역이었습니다. 만나는 사람은 처음이지만 당사자는 매번 똑같은 상황을 설명해야 하니 힘들 수밖에요. 성의 없이 대답을 하면 안 되고, 말을 예쁘게 하지 못한다고 해서 그분들께 화를 낼 수도 없고…… 엎친 데 덮친다는 말이 이때를 두고 하는 말인 것 같았습니다.

어쨌든 마음을 다부지게 고쳐먹고 적극적으로 고난에 맞서니 싸울 만했습니다. 가장 힘든 것은 아들의 반응이었습니다. 모든 신경이 아들의 일거수일투족에 집중되었습니다. 아들이 기분 좋으면 온 가족의 기분이 좋았습니다. 아들이 우울하면 모두가 우울했습니다. 아무것도 모르는 준택이만 어린아이들이 즐겨 보는 만화영화 〈다이나소스〉를 마음껏 보았습니다. 아마 200번은 족히 보았을 것입니다. 두 살짜리 준택이는 자기에게 가 있던 관심이 형아에게로 쏠리니 불안했던지 응가를 소파에다 보고는 뭉개 놓고, 소변도 조절이 안 돼서 아무 데나 실례를 해 한동안 애를 먹였습니다.

아빠, 나 이젠 뛸 수 있어!

키모를 받은 지 3개월쯤 지나 다시 MRI를 찍었는데 암세포가 75퍼센트 정도 줄어들었다고 했습니다. 뛸 듯이 기뻤고, 세상이 온통 내 것처럼 보였습니다. 이상스레 현택이는 발병했을 때에도 그렇게 초연할 수가 없었는데, 암이 많이 줄어들었다는 소식을 들었을 때도 감정의 동요가 크게 없었습니다. 그게 현택이의 성품이었는지도 모르겠습니다.

현택이는 몸이 많이 좋아지고부터는 무료하게 지낼 수 없다면서 운동을 하고 싶어 했습니다. 마침 한 교우가 안 쓰는 운동기구가 있다 하여 얻어다 주었는데, 손잡이가 없어서 운동하다 넘어지고 말았습니다. 그래서 손잡이가 있는 운동기구를 새로 사 주었습니다.

아이는 틈틈이 지하실에 내려가 운동을 했습니다. 운동기구가 두 개나 되어 우리 둘이 함께 운동할 수 있었습니다. 걷기도 하고 뛰기도 하고, 장난도 치면서 정말 행복한 시간을 보냈습니다. 함께 걷고 함께 뛰는 일이 이리도 신나는데 그동안 왜 함께하지 못했을까 안타까웠습니다. 운동을 하면서도 연신 괜찮냐며 확인하는 내게 이젠 괜찮다며 참 밝게도 웃어 주었습니다.

지나치게 조심시키고 계속해서 상태를 물어 오는 아빠가 부담스러웠던지 언젠가부터 혼자 슬그머니 내려가 운동하고 올라오곤 했습니다. 한 시간을 넘게 뛰고 걷고 하면서 아이는 스스로를 무척 대견해했습니다. 그런데 하루는 너무 많이 뛴 것 같다며 엄마에게 약간의 통증을 호소했습니다. 아마 그때부터 재발이 시작되었던 모양입니다. 그 후로 통증을 호소하는 날이 잦아졌습니다.

그러나 75퍼센트 줄었다는 말을 들었던 터라 그다지 크게 의심하지 않고 운동을 심하게 하지 못하도록 주의만 주었습니다. 그야말로 살얼음판을 걷는 나날이었습니다. 표정이 조금만 안 좋아도 걱정, 좋아도 걱정, 아들의 표정을 살피는 것이 우리 부부의 일과였습니다.

30년 같은 3개월

집으로 돌아와 투병한 3개월을 어찌 글로 다할 수 있겠습니까? 30년을 산 기분입니다. 참아 낼 수 있었던 것은 교우들의 헌신적인 보살핌과 보내 주신 사랑의 힘이 컸습니다. 아무리 어려운 일을 겪어도 사랑하는 사람들이 옆에 있으면 어렵고 고통스러운 자신의 운명을 쉽게 받아들일 수 있게 된다는 것을 체험했습니다. 평상시에는 당연하게 생각하던 것들이 모두 귀한 선물이었습니다.

정기적으로 의사를 보러 가던 시기, 공교롭게도 약속 시간이 늘 교통체증 시간대와 겹쳤습니다. 하지만 아들이 아직도 살아 있어 함께 병원에 간다는 사실 때문에 그 시간조차 소중하고 고맙기만 했습니다. 세상을 보는 눈이 달라진 것이지요. 평상시 같았으면 불평할 일도 삶과 죽음의 시각에서 바라보니 모두 하찮은 것이었고, 화를 낼 만큼 그리 나쁜 상황도 아님을 발견했습니다.

주변 사람들은 끊임없이 암에 좋다는 것들을 가져오고 또 알려 주었습니다. 세상에 암에 좋은 음식이 그리도 많은지 처음 알았습니다. 음식은 모두 자연식으로 바꾸었습니다. 하루 세 번 야채 주스를 해 먹이느라 특별한 믹서기를 주문했고, 교회 집사님과 한국 식품을 파는 마켓 사장님은 꽤 많은 양의 야채 주스와 야채를 선물로 주시며 쾌유를 빌어 주셨습니다.

아내와 나는 주스를 만들어 먹이는 일이 하루 일과가 되어 버렸습니다. 나는 날마다 새벽시장에 가서 농약 안 한 당근이며 무청, 사과를 사 왔습니다. 씻고 자르고 믹서기를 돌려 한 컵 만들면 먹이는 것이 또 큰일이었습니다. 엄마를 위해 먹어 주라, 아빠가 사정하니 한 컵 먹어 주라. 매일 계속되는 싸움이었습니다. 현택이는 키모 때문에 비위에도 안 맞고 힘들 텐데 그런대로 잘 먹어 주었습니다. 먹고 토하고, 토하면 또 만들어 먹이고, 그래도 힘든 줄 몰랐습니다. 야채 주스를 다 마시면 준택이가 기다리고 있다가 형아를 보고 꼭 "굿 보이(Good Boy)!" 하며 칭찬해 주었습니다. 그러면서도 형아가 먹으니 자기도 먹어야 한다며 한두 모금 남기라고 성화를 댔습니다.

한 달을 넘기지 못할 것이라던 아이는 하나님이 도와주시어 중고등부 성가대에서 기타를 치기 시작했고, 온 교회는 아들의 회복을 기뻐해 주었습니다.

"목사님, 교회 일일랑 저희들이 알아서 할 것이니 걱정 마시고 현택이 치료에만 집중하세요. 저희들이 기도 열심히 하고 있습니다."

전 교인이 모여 기도회를 하고, 부르짖어 간구했습니다. 과분한 사랑이요, 넘치는 은혜였습니다. 생전 이름도 들어 보지 못한 분들이 편지로 위로해 주시고, 꼬깃꼬깃 쌈짓돈도 보내 주시고, 문 앞에 음식도 두고 가셨습니다. 생각지도 못한 많은 분들이 저희들에게 지극한 정성을 베풀어 주셨습니다. 이웃 교회에서는 온 교우들이 기도회를 열어 회복을 위해 기도해 주셨습니다.

어느 날 현택이가 말했습니다.

"아빠, 내가 누군데 사람들이 이렇게 나를 위해 기도해 주셔? 나 같은 애가 뭐가 예뻐 이렇게 많은 사람들이 밤을 새워 기도하고 정성을 다하지? 미안해……. 어떻게 보답하지?"

"현택아, 교우들에게 보답하는 길은 네가 빨리 건강해지는 거야! 건강해져서 너도 힘든 사람들에게 사랑을 주면 되는 거야."

아들도 사람들로부터 받은 뜨거운 사랑 때문에라도 꼭 살아서 훌륭한 의사로 봉사하겠다고 했습니다.

어느덧 가정과 교회는 평상으로 돌아오는 듯했습니다. 그렇지만 여전히 모든 신경은 온통 아들의 몸 상태에 집중되어 있었습니다. 지나치게 쏟는 관심이 부담스러웠던지 아들은 점잖게 타일렀습니다.

"아빠, 제가 말씀드렸잖아요. 하나님께 맡기시라고요. 염려한다고 암세포가 사라지는 것이 아니고, 하나님이 없애 주셔야 건강해져요."

누가 목사인지 모르겠습니다. 이 상황에서 아빠는 하나님을 의지하기가 더 어렵다는 것을 아들은 모르는가 봅니다.

엄마, 내 따뜻한 온기를 기부할게요!

몸이 회복되어 가면서 공부가 걱정되는지 학교에 가고 싶다고 했습니다. 그래서 뜻대로 하게 해 주었는데, 키모 치료를 받는 상황이라서인지 역시나 힘들어했습니다. 다행히 학교에서 영어·수학 가정교사를 보내 주어 공부하다 쉬고 쉬다가 공부하며 학업을 이어 갔습니다.

현택이가 만 16세 되던 날, 운전면허를 따기 위해 보호자와 함께 운전할 수 있는 허가증을 받았습니다. 그때부터 운전하는 엄마 옆에 앉아 길도 가르쳐 주고 말동무도 해 주었습니다. 멀리 갈 일이 있으면 인터넷에서 지도를 뽑아 길 안내를 하며 엄마를 도와주었습니다. 그때가 겨울이었는데, 엄마 손이 차면 입김으로 자기 손을 따뜻하게 한 뒤 운전하는 엄마 손을 하나씩 감싸 쥐면서 녹여 주곤 했습니다.

"엄마, 내 온기를 엄마에게 기부할게요."

어쩌면 그때부터 아들은 자신의 죽음을 예감하고 준비하고 있었던 것일까요?

"아이고, 우리 엄마. 내가 대학 가면 어찌 살거나. 나 없이 어떻게 운전하실거나."

걱정 반 농담 반으로 엄마를 놀리면서 이별 준비를 하고 있었다는 것을 아들이 가고서야 느낄 수 있었습니다.

교우님들께

　바쁘고 피곤한 가운데도 저희를 위해 기도해 주신 교우님들께 감사와 사랑의 마음을 전합니다. 하나님이 우리 기도를 들어주시고 또 평안과 소망을 주실 줄 믿습니다. 현택이 상태가 좋지 않아 치료를 위해서 MRI 사진을 찍는 동안 홀로 기다리면서 이렇게 편지를 쓰고 있습니다.

　그동안 여러분의 기도와 사랑으로 잘 견뎌 왔습니다만 상태는 많이 안 좋아졌습니다. 허리에 암세포가 자라 신경을 건드려서 갑자기 하반신을 쓰지 못합니다. 마음을 다져 먹고 주님의 뜻에 맡긴다고 하면서도 시시각각으로 변하는 아들의 모습을 지켜보기가 참 힘이 듭니다. 하나님의 생각을 우리가 다 알 수 없기에 그저 순종하는 마음으로 담담히 받아들이려 하지만 쉽지는 않습니다. 하지만 저는 믿습니다. 선하신 주님이 우리에게 가장 좋은 선물을 주실 것을.

　이는 누구의 잘못도 아닙니다. 죄 가운데 사는 인간이 불가피하게 맞이하게 되는 일들일 뿐입니다. 다만 제가 할 일은 이 어려운 시련을 통해서 하나님이 뭘 원하시는지를 살피는 것입니다.

　생명이 있는 곳에는 언제나 희망이 있기에 끝까지 포기하지 않고 최선을 다할 것입니다. 그리고 하나님이 하고자 하시면 죽음의 깊은 골짜기에서도 해를 받지 않을 것을 믿습니다. 오늘이 바로 그날임을 새삼 경험합니다. 저희들로 인하여 시험받는 교우가 없길 기도합니다. 오늘 저녁 기도를 위해서 모여 주신 교우 여러분! 다시 한 번 감사드립니다. 여러분의 기도와 사랑으로 잘 견딜 수 있고 힘을 많이 받고 있습니다. 오히려 우리의 연약함을 알고 겸손히 주 앞에 엎드려 자비를 구하는 믿음을 회복할 수 있기를 바랍니다.

7월에 한 달을 넘기기 힘들다는 진단을 받았던 현택이가 크리스마스를 맞았습니다. 하지만 우울한 크리스마스입니다. 특별히 줄 것도 없어 스웨터를 하나 사 줬습니다. 고맙게도 늦둥이 준택이가 재롱을 피워 활기를 채워 주었고, 현택이는 동생은 제가 맡아 키우겠다고 장담하며 아버지나 되는 것처럼 그렇게 자상하게 놀아 주었습니다.

건강을 위해서는 운동을 해야 한다며, 비록 운동기구 위에서지만 날마다 조깅까지 할 정도로 나아져 기쁨이 하늘에 닿았더랬습니다. 그런데 어느 날 다시 심상치 않은 통증이 찾아왔습니다. 통증이 있다고 하니 주치의는 어서 병원으로 데려오라 했습니다. 다시 검사가 시작되었습니다. 말만 들어도 두렵고 지겨운 MRI 검사를 다시 받아야 하는 것입니다.

검사 결과는 희망이냐 절망이냐였습니다. 재발했다는 것은 더 이상 키모 치료약이 듣지 않는다는 의미인지라 속이 더욱 타들어 갔습니다.

결과는 절망이었습니다. 전신에 퍼져 있던 암이 재발했으니 그다음은 방법이 없었습니다. 한 부분이라야 방사선 치료라도 하지, 머리부터 발끝까지 방사선 치료를 받기는 불가능했습니다. 한 가닥 희망을 안고 그리도 간절히 기도했건만 대답은 야속하게도 절망이었습니다.

"하나님, 저에게 이러실 수 있습니까? 제가 당신께 너무너무 잘못했다고 칩시다. 애가 무슨 죄가 있어서 제 죄를 그 어린것에게 뒤집어씌우신단 말입니까? 잘못에 대한 벌은 제가 받아야지 왜 아들이어야 합니까? 무정하십니다. 해도해도 너무하십니다."

원망과 답답함을 하소연해 보지만 밤하늘은 적막하기만 했습니다. 어디로 가야 하나? 이제 어떻게 해야 하나? 어둠과 함께 무거운 침묵만 내리깔리는 저녁, 마음의 갈피를 잡지 못하고 그저 하염없이 병동 근처 거리를 걸었습니다. 정말 앞이 보이지 않았습니다. 아들에게는 뭐라 하며, 아내에게는 또 어떻게 말을 할 것인가? 울며 간구하던 교인들에게 이 상황을 어떻게 설명하며, 또 나는 이리도 화가 나는 하나님에 대해 뭐라 설교를 할 것인가? 눈 쌓인 추운 겨울 매서운 겨울바람이 뼛속까지 스물스물 기어 들어왔습니다.

갈 곳 몰라 헤매다 겨우 병원 채플실로 찾아들었습니다. 화려한 병원 건물에 비해 초라하기만 한 조그만 예배실에 앉아 하염없이 눈물만 흘리며 대답해 달라 하나님께 하소연했습니다.

"말 좀 해 주십시오. 답답해 미치겠습니다. 주님, 뭐라 한 말씀만

해 주십시오! 주님, 제가 불쌍하지도 않습니까? 저를 사랑한다는 말은 거짓입니까? 도대체 절더러 어쩌란 말입니까? 차라리 저를 죽여 주십시오. 아니 제가 죽을까요?"

아무리 부르짖어도 무거운 침묵만 흐를 뿐이었습니다. 그날 나는 완전히 절망하고 말았습니다.

기적 같은 시간

아빠, 내가 받은 사랑의 빚을 어떻게 갚죠?
나를 통해 이 땅에서 이루실 큰일이 있으신가 봐요

아들과 함께한 마지막 성찬

　암이 재발해 걷기가 힘들 때입니다. 휠체어를 이용해 다녔는데, 그 날은 의자에 몸을 의지해 양쪽 의자를 짚고 한 발 한 발 내딛으며 제 단 앞으로 걸어 나왔습니다. 7월 29일에 입원해 12월 크리스마스 주 일이니 꼭 4개월 만입니다. 아마도 그때가 마지막으로 교회에 출석 한 날인 듯싶습니다.

　재발해서 몸이 아파 외출이 힘들 때에도 어디가 제일 가고 싶냐고 물으면 현택이는 항상 교회라고 대답했습니다. 지금 교회도 물론이 지만, 자기의 어린 시절 꿈과 추억이 담겨 있는 포틀랜드 메인의 무 지개교회를 꼭 한번 가 보고 싶다고 했습니다. 그러나 그렇게 가고 싶어 하던 교회를 12월 성찬예배를 마지막으로 더 이상 갈 수 없었습니다. (그리고 그 후 장례식 때 교회에 와 천국 환송을 교회에서 받았습니다.)

현택이가 그리도 사랑하는 교회에서 마지막으로 아버지 목사가 아들 환자에게 주님의 성찬을 나누었습니다. 비록 의자를 의지했지만, 한 달 넘기기 힘들 거라던 아이가 걸어 나와 성찬을 받았습니다. 휠체어에만 있던 놈이 힘겹게 한 발 한 발 디디고 성찬을 받다니, 목사 아버지에겐 그 어떤 성찬식보다 가슴 아프고 감격스러웠습니다.

"홍현택, 주님의 몸입니다."

"아멘."

나도 울고 아들도 울고, 그 광경을 지켜보시는 교우들도 울었습니다. 혼자 걸을 수 있다는 것이 그리도 큰 축복인 줄 그제야 알았습니다. 건강한 아이라면 장난도 치고 멋쩍어 빼앗듯이 성찬을 받을 텐데 주는 아빠나 받는 아들이나 너무 진지했고, 거룩했고, 정성스럽기만 했습니다. 그야말로 거룩한 성찬이었습니다. 아들이 성찬을 받던 그날 그 자리 그 순간, 시간은 멈추었습니다. 하늘과 땅이 열리고 성령이 비둘기처럼 내려오는 그야말로 카이로스의 순간이었습니다. 삶과 죽음이 입 맞추는 거룩한 순간이었습니다. 적어도 아들과 제게만큼은 말입니다.

* 현택이의 성장 과정을 가까이에서 지켜보며 친조카처럼
 살뜰히 보살펴 준 후배 김원기 전도사의 편지

목사님께

 박노해 씨의 〈뱃속이 환한 사람〉을 제 가슴에 새겨 주신 일 기억하세요? 그날 이후 전 제 속에 흰 구름을 가져 보려 애써 왔죠. 힘들 때 옆에 계셔 주셨고 쓰러질 때 붙들어 주셨고 결국 눈물마저 흘려야 할 때 눈물을 닦아 주시며 웃음을 만들어 주셨죠?

 힘드실 목사님 덜 힘들게 해 드려야겠다고 지금껏 잡아 둔 눈물로 전 요즘 샤워할 때나 밥할 때 물이 필요 없을 정도가 되었답니다. 그러잖아도 우리 몸이 열 중 일곱은 물이라는데 나머지 셋도 물이 되어 버렸으니 다 목사님 책임입니다.

 잘못 결심한 것 같아요. 그날, 우리 현택이 하나님으로부터 성찬 받을 때, 그때에 현택이와 함께 서서 받을 것을……. 잘못 결심한 것 같아요. 그날, 처음 목사님을 병원에서 대했을 때, 목사님을 안고 차라리 엉엉 울어 버릴 것을……. 사내야 이 땅에 태어나 세 번 울면 족하다지만 세상에 그런 얼토당토 않은 소리가 어디 있습니까?

 그래서 오래전 제 가슴에 새겨 주신 그 글 이제 목사님께 돌려드립니다. 혼자 한 약속 지키기 어려워서가 아니라 그 글의 주인공이 누구인 줄 이제 더더욱 분명히 알았기 때문입니다. 목사님, 앞으론 울음 참지 않겠습니다.

현택이와 함께할 성만찬을 기다리며
정월 대보름날 뉴헤이븐에서

산다는 게 뭘까?

병실에 앉아 난생처음 시를 써 봤습니다. 시가 뭔지도 모르지만 그냥 마음을 담아 보았습니다.

산다는 게 뭘까?

아픈 것이다

뜨거운 눈물을 삼키는 것이다

그 눈물로 마음을 씻는 일

산다는 게 뭘까?

아파서 죽을 지경에 이르는 일이다

그래서

고통의 끝자락에서

사랑을 발견하는 일이다

사랑을 느낄 수 있다면

이제 죽어도 좋을 일

산다는 게 뭘까?

함께 느끼는 것이다

함께 느낄 수 없다면

그것은

차라리 죽은 것

죽은 고기가 떠밀려 가듯

그렇게 속절없이 흐르던 인생이

함께 느낌을 갖기 시작하는 일

산다는 게 뭘까?

뜨거운 눈물로 마음을 씻고

그 자리

사랑을 담아

함께 느끼며 가는 길

그래서

산다는 것은 한없이 고마운

하나님의 선물

눈물을 먹었습니다

새벽녘에 묵상하며 바라본 눈 덮인 뒤뜰은 스산하지만 겨울다워 보기 좋았습니다. 한 줌밖에 안 되는 인생이 우주의 중심이 되어 세상을 움직이려 했던, 무모했던 지난날들 부끄럽기만 했습니다.

"회개합니다. 잘못했습니다, 주님! 내가 세상의 중심이 아니었습니다. 나는 잠시 세상에 다니러 왔을 뿐 이 세상의 주인은 당신, 당신이 맞습니다."

나무들은 눈꽃을 피우면서도 혹독한 겨울을 견뎌 냅니다. 안으로 안으로 침잠해 들어가면서 자신을 다져 갑니다. 떨쳐 내야 할 것들을 진작 버리고 벌거벗고 서 있는 나무는 참 지혜로워 보입니다. 앙상한 가지들은 하늘을 향해 기도드리며 추운 겨울을 납니다. 꽃피는 봄을 기다리면서, 무성한 가지를 드리우며 자기 세계를 열어 갈 여름을 기다리면서 그냥 그렇게 거기 서서 잘도 견뎌 냅니다. 겨울을 이길 다른 방법은 없겠지요. 그냥 그렇게 서서 추위를 견디며 내성을 기르고 뿌리를 더 깊이 내리는 것이 최선인 것입니다.

지난 7월 이후 아들과 한 상에 앉아 밥을 먹어 보지 못했습니다. 처음에는 고통 때문에, 그다음엔 어떻게 해서든지 자연식을 먹어 보려고……. 그러다가 6개월이 흘렀습니다. 아들이 조금 아파하더라도 식구들이 같이 앉은 식탁을 다시 경험하게 해 주고 싶었습니다. 식사 기도를 하는데 목이 메어 할 수 없었습니다. 아들도 눈물을 훔치고 있었습니다. 간신히 기도를 끝내고 구수한 청국장을 먹었습니다. 눈물을 삼키며 먹었습니다. 눈물을 먹었습니다. 식구들이 모두 함께 앉아서 밥 먹는 것이 얼마나 소중한 일인지 그게 얼마나 큰 은총인지 새삼 깨달았습니다.

키모는 효과가 없어서 방사선 치료를 시작했습니다. 그나마 전신을 다 할 수 없어, 악화되지 않는 선에서 통증만 가라앉게 하는 임시방편이었습니다. 집으로 돌아왔다는 것은 더 이상 치료 방법이 없어 기적만 바라며 죽음을 기다려야 한다는 절망을 인정하는 것이었습니다. 내일에 대한 희망이 없이 죽을 날만 기다려야 한다는 절망이 정말 어이가 없었습니다. 의학이 그리도 발달했다는데 속수무책이었습니다. 어떻게든 도와 달라고 애걸하는 저에게 그리어 박사는 연신 미안하다며 그 큰 체구로 나를 안아 주었습니다.

"암 전문의도 암으로 속절없이 세상을 뜨는 경우가 많습니다."

그리어 박사 또한 문제를 안고 살아가는 동지일 뿐 해결자는 아니었습니다. 이 세상 어디에도 의지할 데가 없었습니다. 기도해도 응답은 없고, 신유 기도를 하러 오신 목사님, 병 고치는 은사를 가진 그분의 기도도 소용없었습니다. 온통 암흑 천지였습니다. 앞이 보이지 않았습니다. 생살을 도려낸들 그리 아플까요? 그렇게 무기력하게 기다린다는 것이 얼마나 힘든 일인지, 희망 없이 산다는 것이 그리도 비참한 것인지 그때에야 비로소 알았습니다.

아빠, 베스트 바이에 꼭 들러야 해

아들이 몇 번의 수술을 받고 만신창이가 된 몸을 이끌고 집으로 돌아오던 때였습니다.

"아빠, 집에 가기 전에 꼭 베스트 바이에 들러야 해!"

"왜?"

"살 게 있어!"

힘이 들어 잘 걷지도 못하는 녀석이 사람들로 북적대는 대형 전자제품 유통 매장인 베스트 바이에 들러 여기저기 기웃거리더니 MP3 오디오를 샀습니다.

"현지가 갖고 싶다고 그랬는데 사 주고 싶었어, 아빠! 곧 현지 생일이 돌아오잖아."

가쁜 숨을 몰아쉬며 기어코 선물을 사서 노래까지 넣어서 주는 아들의 모습은 차라리 성스럽기까지 했습니다.

언젠가 빨리 회복하여 운전면허 따면 제일 먼저 동생들 데리고 뉴욕에 가서 현지는 300불짜리 스트레이트 퍼머를 해 줄 것이고, 준택이는 멋진 장난감을 사 주겠다고 장담을 했더랬습니다. 그러더니 마지막 숨 거두기 며칠 전 인터넷 사이트에 이런 글을 적어 놓았습니다.

"내가 가는 것은 두렵지 않으나, 동생들 크는 것 보면서 잘 보살펴 주어야 하는데 그러지 못할 것만 같다. 가슴이 많이 아프다."

MP3를 사 준 오빠는 가고 없지만 현지는 밤마다 오빠가 넣어 준 음악을 들으면서 잠자리에 들곤 합니다. 그런 딸아이를 볼 때마다 가슴이 뭉클해져 옵니다.

'그래, 오빠는 가고 없지만 오빠의 사랑만큼은 영원할 거야.'

다른 아이들이 새로 나온 제품을 가지고 다니는 걸 보고, "새것 사 줄까?" 물으면, "아빠, 나는 이게 더 좋아!" 하며 가슴에 품고 잡니다. 세상에 어떤 것이 오빠의 사랑만큼 가슴에 남아 있을까? 오빠의 마음을 받은 현지가 앞으로 잘못될 일은 별로 없을 것이라 믿습니다. 왜냐하면 뼈아픈 상실의 아픔을 겪으면서 배운 오빠에 대한 사랑을 먹고 오빠의 지극한 정성을 가슴 깊이 체험했기 때문입니다.

주님, 차라리 데려가십시오!

재발이 되고부터는 무서운 통증이 다시 시작되었습니다. 머리에도 여러 개의 크고 작은 종양이 다시 생겨 방사선 치료를 받았습니다. 처음에 무심코 보았을 땐 부딪혀 부풀어 오른 줄만 알았는데 하루가 다르게 커져 가는 것을 보면서 가슴이 타들어 갔습니다. 회생이 어려운 상황으로 서서히 빠져들고 있었습니다. 회복의 희망보다, 오히려 죽음에 더 가까이 다가가는 것을 속절없이 지켜보고만 있어야 했습니다.

그렇게 고통스러운 중에도 아들은 순간순간 특유의 유머로 침울한 집안 분위기를 새롭게 해 주었습니다. 방사선 치료로 다른 음식은 별로 먹지 못했는데 얼마 동안은 편안한 소파에 앉아 유난히 좋아하는 군밤을 저녁마다 까 먹을 수 있었습니다. 그런데 하루는 마켓에 갔다가 밤이 그다지 마땅치 않아 못 사 왔습니다. 그러자 아들이 장난스레, "엄마, 내가 밤을 먹으면 얼마나 먹는다고 안 사다 줘" 했습니다. 아이는 엄마를 웃기려고 건넨 농담이었는데, 그 말에 아내는 가슴이 무너졌습니다.

"너, 이런 때는 한 대 맞아야 해!"

아내가 꿀밤을 한 대 주었습니다.

"그걸 농담이라고 하니?"

거동이 불편하여 화장실 출입조차 힘들 때였습니다. 어기적 어기적 일어나는 걸 보고 어디 가느냐고 물으면 천연덕스럽게 "캠핑!"이라고 대답해 무거운 분위기를 깨 주기도 했습니다.

아내는 종일 소파에만 앉아 있으면 무료하다면서 현택이에게 뜨개질을 가르쳐 주었습니다.

"엄마, 이렇게 재미있는 걸 왜 진작 안 가르쳐 주셨어요?"

현택이는 열심히 엄마 목도리를 짜면서 그리도 재미있어 했습니다. 그리고 마지막을 의식했는지 가끔 이런 말을 했습니다.

"엄마, 나 대학 가서 보고 싶으면 이 목도리 두르고 내 생각하세요."

그러나 힘에 부쳤는지 완성하지 못하고 우리 곁을 떠났습니다. 아내는 짜다 만 그 목도리를 아직도 소중하게 간직하고 있습니다.

재발되어 통증이 계속될 때는 하루에 한 시간도 겨우 잤습니다. 고통이 너무 심해 거실 소파에 누운 채로 잠시 잠이 들 때면 아내도 곁에서 눈을 붙였고, 또 깨어 힘들어하면 텔레비전도 켜 주고 게임기도 갖다 주며 시간을 함께 보냈습니다. 그럴 때마다 현택이는 "엄마, 나는 어차피 잠을 못 자요. 그러니까 엄마라도 가서 눈 좀 붙이고 오세요. 엄마가 주무셔야 준택이도 살피고 저도 도와주고 하잖아요. 그러니 좀 주무세요. 엄마가 병나시겠어요" 하며 밤이면 밤마다 엄마를 자게 하려고 성화를 댔습니다. 자기는 아파서 한 시간도 못 자면서 말입니다.

아들은 사춘기 소년답게 게임도 하고 농담도 잘 건넸습니다. 컨디션이 좋을 때는 컴퓨터 앞에 앉아 자기 소식을 친구들에게 알리며 도리어 친구들을 위로하곤 했습니다. 그러나 그렇게도 아끼고 사랑하는 준택이가 방으로 들어오는 것만은 많이 부담스러워했습니다. 컨디션이 좋으면 잘 놀아 주는데 몸이 아프니 못 놀아 주고, 철없는 동생은 형아를 보고 칭얼대다 나가니 그것이 너무 안타깝고 가슴 아픈 모양이었습니다. 방 안에 놓인 약이며 주사바늘이 염려되기도 하고, 할 수 있는 일이란 뽀뽀밖에 없으니 답답하기도 했겠지요.

밖으로 보이는 크고 작은 혹만큼 뇌압이 커지기 때문에 고통과 함께 성격장애가 올 수도 있다고 의사가 알려 주었는데 다행히 그런 일은 없었습니다. 밖으로 나타나는 절망적인 현상들과 달리 현택이는 차분했고, 고통도 감정의 동요도 없는 듯했습니다. 재발해서 손을 쓸 수 없을 지경이 되었을 때, 하루에도 서너 번 네댓 명의 의사들이 와서 어디가 얼마나 아픈지 꼼꼼히 물었습니다. 그러나 정작 현택이는 마지막에는 고통을 당하는 것 같지 않았습니다. 이삼 일을 그러다가 더 이상 심한 고통이 없어 신경을 쓰지 않을 정도가 되었습니다.

그때 우리 부부는 이런 기도를 드리고 있었습니다.

"주님, 아들의 병을 고칠 수 없다면 갈 때에는 통증 없이 빨리 가게 해 주세요."

세상에 어떤 부모가 자기 자식 빨리 데려가 달라는 기도를 드릴 수 있겠습니까? 그러나 그때는 비록 가슴을 찢으며 드리는 기도라 할지라도 아들이 통증 없이 가는 게 마지막 남은 희망이었습니다. 하나님 품에 안길 때까지 심한 무기력증으로 힘들어하긴 했지만, 마지막 순간에는 고통 없이 데려가 달라 했던 우리 부부의 기도만큼은 하나님이 들어주셨습니다.

하루하루가 소중합니다

그리도 갖고 싶어 하던 당구대가 마련되었는데도 현택이는 아파서 한 번 해 보지 못했습니다. 녀석은 어릴 때부터 유난히 당구대를 갖고 싶어 했습니다. 중학생 때 한번은 이렇게 따졌습니다.

"아빠, 다른 아이들은 성적을 잘 받아 오면 상을 준대요. 그래서 자기가 갖고 싶은 게임기를 사는데, 저는 매번 이렇게 좋은 성적을 받는데도 뭐 없어요? 아빠, 제 평생 소원이 당구대 하나 갖는 거예요. 제일 싼 것으로라도 하나 사 주실 생각 없으세요?"

함께 쇼핑을 갈 때면 나를 늘 당구대 파는 데로 끌다시피 데리고 가서 이것저것 구경시켜 주며 사 달라고 사정을 했습니다. 그때 사 주지 못한 것이 이렇게 한이 될 줄 몰랐습니다.

회생이 불가능한 소아암 환자들의 마지막 소원을 들어주는 자선 단체인 '메이크 위시 파운데이션'(Make-Wish-Foundation)에서 갖고 싶은 것을 물었을 때 현택이는 주저 없이 당구대라고 말했습니다. 하지만 그 비싼 고급 당구대가 마련되었는데도 이젠 몸이 아프니 그림의 떡이었습니다.

나중엔 보기라도 했으면 좋겠다 해서 지하실로 어렵게 어렵게 데리고 내려갔습니다. 짚개를 짚고, 그리도 갖고 싶다던 당구대에서 당구를 하는데 그게 쉽지 않았습니다. 이리저리 해 보다가 다리 힘을 길러 다시 하겠노라며 올라왔습니다.

하고 싶어 하는 것은 다 해 주고 싶었습니다. 가고 싶은 곳은 어디든 데려다 주고 싶었습니다. 그러나 할 수가 없었습니다. 후회가 밀려왔습니다. 아빠 공부한다고 디즈니랜드 한 번 못 데리고 갔는데, 이제는 시간이 있는데도 갈 수 없었습니다. 공부 때문에 모든 것을 유보하며 살아왔는데, 이젠 아들이 아프니 할 수 없었습니다. LA에 사는 이모가 최신 버전 컴퓨터도 사 주었지만 그 앞에 오래 앉아 있지 못했습니다. 먹는 것을 그리도 좋아하던 아이가 눈앞에 좋아하는 것이 그리도 많은데 먹질 못했습니다. 어쩌다 조금이라도 먹어 주면 그것이 그렇게 고마울 수 없고, 사랑스러울 수 없었습니다. 예전엔 너무 먹는다고 구박도 많이 했는데…….

그저 하루하루를 무사히 넘기는 것만도 고마웠습니다. 오늘을 충실히 산다는 것이, 지금 여기에서 최선을 다하는 것이 무엇인지 어렴풋이 알 것 같았습니다. 그런대로 통증 없이 밝은 얼굴로 하루를 지내 주니 고맙기 그지없었습니다. 하지만 힘이 들었습니다. 힘들어하는 아들을 바라보고 있자니 병원에서 읽은 조희선 님의 시가 생각났습니다.

당신이 아프다는 말을 들으면
나도 아픕니다
당신은 몸이 아프다고 하는데
나는 마음이 아픕니다

교우님들께!

날씨가 많이 따뜻해졌습니다. 약 냄새가 진동하고 온갖 의료 장비로 가득한 낯선 병원이 참 싫었는데 어느덧 내 집처럼 편안해진 것을 보니 병원에서 지낸 시간이 꽤나 오래된 모양입니다. 여러분께 좋은 소식 전해 드리지 못해 죄송합니다. 그러나 사랑하는 사람들은 좋은 것만 나누는 것이 아니라 어두움도 함께 나누며 빛을 경험하는 것이라는 믿음으로 이렇게 글을 올립니다.

내려갈 때까지 내려갔으니 이제는 그만 오르고 싶습니다. 더 내려가야 한다면 어떻게 견딜지 아득하기만 해 이제 오르는 일만 달라고 기도해 봅니다. 두 번씩이나 하반신 마비가 왔지만 기적적으로 회복하고 이제는 잡고 걷기 시작했습니다. 첫아이 현택이가 처음 걸음마하는 것을 신기하게 지켜보았던 저는 이제 또 걷는다는 단순한 일이 얼마나 고마운 일인지 새삼 깨닫습니다.

얻어먹을 수 있는 힘만 있어도 주님의 은총이라는데, 너무 많은 것을 가지고 살면서도 당연하게 생각하며 불편한 마음으로 살아왔던 지난날을 회개합니다. 의사들은 병원보다 집이 마음이 편하다며 방문 간호사나 의사를 보내는 한이 있어도 집에 있도록 해 주고 싶어 합니다. 덕분에 금요일에 집으로 갈 수 있을지도 모르겠습니다.

전화받는 일조차 너무 힘들어 받지 못하는 저희를 용서하십시오. 하지만 여러분의 마음과 사랑은 잘 받았습니다. 많은 위로가 되고 있습니다. 눈물 나게 시린 겨울이 지나면 꽃피고 새 우는 봄이 곧 오겠지요. 그래도 감사한 일들을 세어 보며 순간순간 살아갈 희망을 찾아봅니다.

이젠 시간이 없습니다

순간순간이 그토록 소중할 수 있을까요? 촌음이 귀하고 한마디 음성이 귀하고 한 잔의 물을 권하는 것이 그리도 소중한지 예전엔 미처 몰랐습니다. 못다 한 사랑 가득 담아 보내야 하는데, 못다 한 얘기 다 들려주고 가게 해야 하는데 시간이 별로 없습니다. 마음이 급해 발만 동동거렸습니다. 큰 숨 몰아쉬며 마음을 다스렸습니다. 눈을 잠시 감고 터질 것 같은 가슴을 진정시켜 보았습니다. 그리고 아들과 나 사이에 무엇이 제일 중요한가 물어보았습니다.

너무도 소중한 보물이기에 하나님이 내게 주신 가장 소중한 사랑이기에 어서 완성하고 싶은데 발길이 떨어지지 않았습니다. 비 오듯 쏟아지는 피눈물은 강이 되어 흘렀습니다. 절망을 사방에 뿌리며 희망의 빛을 찾아 몸부림쳐 보았지만 하늘은 여전히 침묵했습니다. 그 침묵이 너무도 무서웠습니다.

출생이 축복이라면 죽음 또한 축복일진대 그런 생각은 제게 너무도 먼 이야기였습니다. 밤과 낮이 하나라면 삶과 죽음도 하나일진대 아직 나머지 하나는 축복으로 받을 수 없었습니다. 준비가 되지 않았으니까요. 아니, 아마도 영원히 준비되지 않을 것 같았습니다.

봄은 오는데 얼어붙은 내 마음은 풀릴 기미가 보이지 않았습니다. 오히려 더 깊은 겨울로 빠져들고 있었습니다. 바닥을 치면 당연히 치고 올라온다는데 우리에겐 올라올 힘조차 없는 듯했습니다. 끌어올려 보려고 했지만 저도 숟가락 들어 올릴 힘조차 없었습니다. 짧은 기도만이 입속에 맴돌았습니다.

"하늘이여, 여호와여, 나를 도우소서. 이제는 그만 나를 도와주옵소서."

아들에게 말해 주었습니다

명치끝이 아파 밤새 잠을 못 이루었습니다. 명치끝이 아프다는 말을 듣기는 많이 들었어도 그토록 아플 줄은 미처 몰랐습니다.

사랑하는 사람에게, 그것도 눈에 넣어도 안 아플 아들에게 이제 우리 곁을 떠나야 한다고 말하는 것은 죽음보다 더한 고통이었습니다. 그러나 사랑하는 사람을 언제까지나 거짓 희망 속에 둘 수는 없었습니다. 그건 더욱 잔인한 일이니까요. 그래서 모질게 마음먹고, 만약이라는 말을 수도 없이 되뇌며 작별을 준비시켰습니다. 탄생의 신비와 축복만큼이나 작별 또한 소중한 것이라서 그랬습니다. 다행스러운 것은 아이의 마음이었습니다.

"아빠, 이것은 내가 선택할 수 있는 일이 아니기에 여한이 없어요. 이것이 하나님이 선택하신 일이라면 받아들여야지요. 하지만 받아들일 수 없는 것은 사랑하는 동생들을 보살피지 못하고 먼저 떠나야 한다는 것이에요. 이것이 못내 가슴 아파서 떠나기 힘들어요."

자기 손을 어루만지며 우는 형아를 보면서 준택이는 형아가 운다고 울면서 방을 나왔습니다. 질투 때문에 현지에게 잘못했던 일들을 후회하면서 어떻게든 만회하려고 애쓰는 현택이를 보며 가슴이 아리다 못해 찢어지는 듯했습니다. 현지 또한 그런 오빠가 안쓰러워서 미안해하며 어쩔 줄을 몰랐습니다.

지난 17년의 세월은 아빠에게 꿈같은 시간이었고, 너를 보내 주신 하나님께 너무도 감사하다고 말해 주니 녀석은 그렁그렁 눈물만 삼키다가 끝내는 참지 못하고 흐느끼고 말았습니다. 한참을 같이 울고 나더니 시원하다며 기도해 달라고 해서 같이 눈물로 기도했습니다. 흐르는 시간이 너무도 아까웠습니다. 나중에 많이 보고 싶을까 봐 조금 더 많이 봐 두려고 무진 애를 썼습니다.

이 지상의 막다른 골목에 서면 하늘의 문이 열려 있고, 끝은 언제나 더 좋은 시작이라지만 지금은 하늘나라에 가는 것보다 여기에서 아들과 함께 살고 싶습니다.

새벽 2시, 아들은 잠자리를 만들어 주고 들어가는 엄마를 불러 눈을 한참 쳐다보더니 씩 웃으며 말했습니다.

"사랑해요, 엄마."

그 말에 숨죽여 흐느끼다 깜빡 잠이 든 아내는 하늘의 음성을 들었답니다.

"내가 잘 데리고 있을 터인데 왜 그렇게 걱정하느냐?"

저도 아이와 함께 같이 가고 싶다는 생각이 참 많이 들었습니다. 하지만 가장인 내가 정신 못 차리고 슬픔에 빠져 허우적거리면 안 되겠다 싶어 몇 번이나 마음을 다잡고 일어서곤 했습니다.

아름다운 작별을 속울음으로 삼키며 스스로 준비하고, 또 가족들에게 준비시켰습니다. 죽음도 하나님이 주신 선물임을 온 가족이 느낄 수 있기를 기도했습니다.

예수님이 널 부르시면 뒤돌아보지 말고 달려가!

어린아이건 어른이건 사람이 떠날 때는 영적인 기운이 더 많이 회복된다고 합니다. 죽음까지 받아들인 상태에서는 그동안 욕심이나 헛된 욕망으로 가려졌던 하나님의 형상이 발현된다더니 죽음을 준비시키는 아비에게 아들은 의연하기만 했습니다.

"아빠, 죽는 것은 두렵지 않아요. 저 때문에 너무 괴로워하지 마세요. 하지만 가족이 걱정돼요. 내가 떠난 후에도 계속 행복했으면 좋겠어요."

발병했을 때에도 엄마에게 어찌 알려야 하느냐를 먼저 염려하던 녀석이, 가야 할 것을 감지하니 또 식구들 걱정부터 하는 모습에 가슴이 아려 왔습니다. 자신을 생각지 않고 다른 사람을 먼저 생각하는 아름다운 모습, 다 비운 의연한 모습이 예수님을 닮은 듯했습니다.

아내가 아이에게 물었습니다.

"현택아, 이 세상과 이별하는 것이 두렵지 않니?"

"그런 것은 없어요. 그런데 죽는 것은 언제고 한 번은 있는 일이지만 내가 지금 가면 더 이상 우리가 함께 지낼 수 있는 시간이 없잖아요. 그래서 나는 아직 살고 싶어요."

현택이가 무력감에 시달릴 때 나는 차마 볼 수가 없었습니다. 그러나 엄마는 강했습니다. 아이 곁을 지키며 아내는 말해 주었습니다.

"현택아, 예수님이 널 부르시면 달려가거라. 너 풋볼할 때 공 잡고 달려가는 거 알지? 그때처럼 뒤돌아보지 말고 앞만 향해 가. 여기서

는 걸을 수도, 뛸 수도, 마음대로 움직일 수도 없잖아. 그런데 하나님
이 너를 부르면 그렇게 가는 거야."

엄마의 말에 아들은 고백했습니다.

"엄마, 사실 내가 마음만 먹었으면 어제 갈 수도 있었어. 그런데 이
게 마지막이라고 생각하니 발길이 떨어지지 않잖아. 그래서 아직 못
갔어. 그곳은 어차피 내가 가야 할 곳이니 동생들과 좀더 함께 있고
싶었어."

그날 이후 아내는 더 이상 아들에게 '가는' 얘기를 하지 못했습니
다.

혼자 힘으로는 고개를 가누지 못할 지경이었습니다. 그렇지만 등
쪽 수술 부위가 신경을 건드려서 침대에 누워 있지도 못했습니다. 그
래서 거의 두 달이 넘게 큰 의자를 침대 삼아 앉아 지내고 잠도 조금
씩밖에 못 잤습니다. 어느 의자도 불편해서 소아병원에서 쓰던 보조
의자를 임시로 빌려와 그걸로 생활했습니다. 하도 오래된 의자라서
그때는 시중에서 구할 수도 없었습니다만 현택이가 쓰기에는 참으
로 좋은 의자였습니다.

그러면서도 끝까지 포기하진 않았습니다. 싸울 때까지는 싸워 보
겠다 했습니다. 아들이 누구를 위해서 무엇을 위해서 그랬는지는 몰
라도 결연한 의지로 암과 싸우려 했습니다. 엄마와 식구들을 걱정하

는 마음이 지극해서 그랬는지도 모르겠습니다. 투병하는 동안 자신이 죽을 것에 대해 한 번도 초조해하거나 삶에 연연해하는 모습을 본 적이 없습니다. 몸이 아파서 힘들어했지 자신의 생명이 끝나는 것에 대해서는 그다지 아쉬워하거나 두려워하지 않았습니다.

하나님이 아들에게 뭔가를 보여 주신 것이 분명했습니다. 죽음 앞에서 아들이 보여 준 의연함이 우연이 아니라 하나님의 배려였다는 믿음이 생긴 것은, 아들을 통해 나에게 주신 하나님의 음성이었음을 고백합니다.

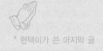

2004년 2월 23일 월요일

어쩔 수 없는 무력감이 밀려온다. 때때로 깊은 피로감이 나를 힘들게 하고 부모님과 친구들보다 하나님 앞에 먼저 선다면 어떤 일이 벌어질까 처음으로 생각하게 만든다. 몇 시간을 울고만 싶다. 지금 느끼는 무력감이 그렇게 만들고, 내가 사랑하는 두 동생 준택이와 현지가 자라는 것을 보지 못한다는 것을 생각할 때마다 억장이 무너진다.

지금에 생각해 보니 어렸을 적 내가 여동생 현지에게 너무 잘못해서 항상 오빠에게 원하는 게 많았던 것 같다. 엄마 아빠가 매일매일 나를 위로해 주시지만 마루에 주저앉아 내 곁에서 우시면서, 내게 더 잘해 주실 수도 있었는데 하며 안타까워하시는 것을 보면 정말 미칠 것 같다. 이 세상에서 가장 훌륭하신 분들인데 말이다. 내 동생 준택이는 어려서, 지금 있었던 나와의 기억들을 곧 잊어버릴 것이다. 준택이가 내 손을 잡고 놀아 달라고 보챌 때마다 눈물이 난다. 지금은 준택이를 위해 내가 해 줄 수 있는 것이 아무것도 없기 때문이다.

이번 달은 참으로 힘이 든다. 내가 하나님을 위해서 살지 않았다면 어떻게 견뎌 냈을지 알 수 없다. 매 시간 내가 견딜 수 없는 무력감과 마음속에서 오는 고통 때문에 미칠 것만 같아 수도 없이 기도를 드린다. 그렇지만 끝까지 싸워 볼 것이다. 내가 감당하기 어려운 지경이지만 내가 믿기로는 하나님이 어떤 형태로든 나를 쓰실 것이라 믿는다.

지금 이 글이 지극히 개인적이라 생각되지만 이 질곡에서 벗어나는 유일한 길이다. 그리고 나를 위해서 기도해 주는 친구들과 모든 사람들이 내가 지금

매일매일 어떤 심정으로 살고 있는지 알아야 한다고 생각하기에 이 개인적인
글을 쓰는 것이다.

　나를 위해 기도해 주는 모든 사람을 다시 보고 싶다. 그리고 친구들이 어떻
게 변하는지도 보고 싶지만 지금 나는 너무 피곤해 그럴 수 없다. 이 글을 보고
친구들이 너무 힘들어하지 않았으면 좋겠고 무리가 안 된다면 친구들의 소식
을 이메일을 통해서 내가 볼 수 있으면 좋겠다.

So depressed not seeing them grow up

I've been exhausted beyond I can handle... Sometimes this constant tiredness
makes me so depressed that I begin to think about what would happen if I had to be
the first to meet god before my parents and friends. I seem to cry every couple hours
because of the tiredness I feel and when I think of not seeing my brother and sister
grow up, I feel that I wasn't big that my sister always wanted because I feel I treated
her so poorly when I was a little bit younger.

My parents often comfort me everyday but it kills me to see them crying next to me
on the floor while they tell me they wish they could have done better for me when I
feel they are the best parents in the world. My brother is oblivious to everything that's
going on right now and I can't help but break into tears whenever he holds my hand
or asks me to play with him because I can't do anything for him right now. It's been so
hard this month and I don't know how I would have survived if it weren't for God in
my life. I seem to pray every hour because I can't bear the tiredness and the emotional
pain that's been killing me lately.

Despite all this I intend to keep fighting one day at a time and I know God will use
me somehow even though I feel everything is too much for me right now. I know
thatthis is personal but I have to get it out of my system somehow and I have to let my
friends and everyone that is praying for me know how I'm feeling day to day... I want
to see everyone again and I want to know how their lives are going but I'm too tired to
see them... I hope this isn't too much to ask but maybe you guys can e-mail me just to
update me on stuff...

(Monday, February 23, 2004, www.xanga.com/hyun_kori87)

가장 힘든, 가장 거룩한

가쁘게 숨을 몰아쉬는 사랑하는 아들 곁에서 마지막을 보내는 순간은 가장 힘들면서도 또한 가장 거룩한 순간이었습니다. 그 순간 우리는 하나였습니다.

말은 잘 못해도 다 알아들으니 현지에게 오빠에게 가서 하고 싶은 말 마음껏 하라 했습니다. 오빠 옆에 앉아 손을 잡고 성경을 한참 읽어 주니 현택이도 눈을 뜨고 사랑한다고 말하며 현지를 꼭 안아 주었습니다. 그리고 손을 꼭 잡아 주더니 다시 눈을 감았습니다. 눈이 붉게 충혈돼 나온 현지를 붙들고 나는 또 울고 말았습니다. 울음이 말보다 진솔하다는 말이 맞습니다. 우리는 그저 말없이 붙들고 울기만 했습니다.

처음에는 부모 노릇 제대로 못 해 준 것이 못내 미안하고 스스로가 밉더니만 이제는 너 없이 어찌 살까 하는 이기적인 슬픔에 빠져들었습니다. 공부 잘하는 것이 뭐 그리 대단하다고, 피아노 잘 치는 것이 뭐 그리 대수라고 그렇게 잔소리를 했는지 후회가 됐습니다. 이럴 줄 알았으면 마음껏 놀게 하고, 게임도 마음껏 하라 할 것을 왜 그렇게 못 하게 했는지 후회스럽기만 했습니다.

어른스럽게 아빠를 위로하던 녀석이 이제는 혼수 상태로 들어가는 듯합니다. 어디서 악보를 구해 와 쇼팽의 장송곡을 연습하면서, 아빠가 마음에 안 들거나 미우면 그 곡을 치며 '아빠 죽으면 내가 장례식 때 연주할 거야!'라고 놀리던 녀석이 먼저 누워 있습니다. 아빠는 쇼팽의 장송곡을 칠 줄 모르는데…….

처음에는 어떻게 견뎌 내나 참 많이 두려웠는데, 그 순간은 슬픔 속으로 아픔 속으로 끝없이 들어가고 있었습니다. 고통의 끝은 부활이라는데……. 마침내 올 때까지 온 듯싶었습니다.

몸이 약해져 신경질을 곧잘 내다가도 금세 미안하다고 하던 아이. 그런 아이에게 저는 고작 이렇게 말해 줄 뿐이었습니다.

"사랑하는 사람은 미안하다고 말하는 거 아니야. 신경질 나면 내라, 현택아. 괜찮아. 아빠는 아무래도 괜찮아!"

웬만한 고통은 잘 참던 녀석이 아프다고 할 때는 정말 아픈 것이었습니다.

병원에 입원해 있는 동안도 저 아픈 것보다 주변 사람 마음을 더 챙기곤 했습니다.

"현택아, 간호사 누나들이 잘못하면 불평해도 괜찮아. 아프면 아프다고 불평해!"

"불평하면 뭐해요? 누나들도 기분 나쁘고 내 기분만 나빠지지. 간호사 누나들은 나를 도와주는 사람들인데, 아빠 불평하지 마. 그 사람들도 힘들어."

그렇게 대답하면서 아빠를 혼내던 녀석이었습니다. 내가 병실을 나가면 아빠를 대신해 자기가 사과하며 간호사 누나들의 마음을 풀어 주곤 했습니다. 이러면서 녀석은 의사들과 간호사들을 자기편으로 만들어 버렸습니다. 병원을 나서는 날, 간호사 누나들도 울고 의사도 울었습니다.

물밖에 못 마시는 아들 옆에서 꾸역꾸역 밥을 넘기는 저 자신이 정말 싫었습니다. 미안하고 죄스러웠습니다. 그러나 어쩌겠습니까. 목숨 붙은 것들은 이 땅에서 한동안 살아야 하니 먹을 수밖에요. 그렇게 힘내서 마지막 길 떠나는 아들에게 손을 잘 흔들어 주어야 했습니다.

하늘 가는 밝은 길이 아들 앞에 있습니다

밤새 가쁜 숨을 몰아쉬더니 아침 무렵부터 평온하게 숨을 고르게 내쉬며 하늘 아버지 만날 준비를 하는 듯했습니다. 아들은 시편 27편 10절 말씀을 좋아했습니다.

"내 부모가 나를 버리는 한이 있을지라도 야훼께서는 나를 거두어 주실 것입니다"(시 27:10)라는 말씀입니다. 어찌 아들을 버릴 수 있겠습니까만 무력감에 포기할 수밖에 없는 나약한 부모가 되어 밤을 지새웠습니다. 밤새 아들 곁에서 못다 한 얘기를 들려주면서 하늘 가는 길을 도왔습니다. 현택이가 무슨 말을 하느라 입술을 움직였지만 들리지 않았습니다. 그러나 저희는 그 말없는 소리를 들었습니다. 밤새 함께 대화를 나누었습니다.

현택이가 좋아하는 김원기 전도사님과 동생처럼 아끼는 연세가 저녁 늦게 뉴 헤븐에서 왔습니다. 그들과 함께 밤을 보내고 찬란한 아침을 맞았습니다. 현택이도 곧 하늘 아버지께서 맞아 주시는 찬란한 새 아침을 맞이할 것입니다.

어릴 적 현택이와 함께 찍었던 사진들을 꺼냈습니다. 아름다운 순간들이 사진으로 남아 있어 감사했습니다. 안타까운 마음도, 절박한 심정도, 두려운 생각도 모두 우리를 지으신 하나님께 맡겼습니다. 엄마, 아빠, 동생들, 친구들 걱정은 말고 하나님의 품으로 달려가 안기라 일러 주었습니다.

그날을 넘기기 힘들 것 같았습니다. 회복을 간구한 기도에는 응답이 없었지만 고통을 없애 주십사 간청한 기도는 응답되어 그 순간부터 고통은 사라졌습니다. 하나님께 나직이 기도했습니다.

"하나님, 이제 압니다. 이제는 감사할 일만 남았다는 것을요. 이제는 받은 복을 세어 보는 일만 남았다는 것을요. 다만 바라옵기는 오늘도 잘 견딜 수 있도록 해 주십시오. 의연하게 하늘 가는 아들을 잘 보낼 수 있도록 도와주십시오."

현택이는 우리 곁을 떠났습니다

사랑하는 아들이 하나님께로 갔습니다. 갓난아이처럼 새근거리며 하나님이 주셨던 그 숨 평안히 거두었습니다. 숨은 아들이 거두었는데 제 숨이 콱 막혀 왔습니다. 그동안 숨죽이며 지켜보던 아들의 숨, 이제 거두었으니 저는 더 이상 참을 수 없었습니다. 가슴을 뚫고 터져 나오는 아픔과 슬픔 때문에 전신이 마비되고 손가락 하나 움직일 힘조차 없었습니다.

아들이 떠나는 그 순간 하늘이 내려앉고 땅이 꺼지고 말았습니다. 하나님이 원망스러웠습니다. 다른 생각은 아무것도 할 수 없었습니다. 아들이 죽었다는 것과 아들을 어이없이 죽도록 손을 놓을 수밖에 없었던 저 자신이 미웠습니다. 내가 좀더 잘했으면 살릴 수도 있었을 것 같은데, 그래서 아들에게 미안하고 아내에게 미안했습니다. 아이는 내게 아빠로서 최선을 다했다고 위로해 주었지만 세상에 최선이 어디 있습니까? 병이 생겼으면 나을 길도 있었을 텐데 저는 그 길을 몰랐습니다.

세상에 태어나서 그렇게 울어 보기는 처음이었습니다. 울음 아닌 짐승 소리가 터져 나왔습니다. 애가 타다 못해 끊기는 듯하고 가슴이 터져 나가는 듯했습니다. 막혔던 봇물이 터져 버리듯, 내 안의 온갖 분노와 슬픔과 아픔이 한꺼번에 터져 나왔습니다. 아내 때문에, 아파 누운 아들과, 남은 두 아이 때문에도 울지 못했는데 그 순간에는 더 이상 참을 수 없었습니다.

장의사가 현택이를 데려가는 것을 보고 나는 실신하고 말았습니다. 깨어나 보니 아들은 없었습니다. 나는 목 놓아 우는데 아내는 울지도 못했습니다. 울고 싶어도 울지 못하는 그 어미의 마음을 누가 알겠습니까? 나는 마음껏 울다가 실신까지 하고 나니 마음이 평온해졌습니다.

고통스러운 시간이었지만 사랑으로 염려하고 기도해 주는 많은 분들이 계시기에 견딜 수 있었습니다. 수많은 사랑의 빚을 앞으로 어찌 갚을지 걱정입니다. 아들아이가 하늘나라에서 그분들을 도와 드릴 것입니다. 그 아이의 성정으로 봐서 꼭 그렇게 할 것입니다. 따뜻한 배려와 사랑이 어둠에서 빛으로 나갈 수 있을 것입니다.

어린 나이에 몹쓸 병이 들어 아들이 일찍 갔다고 저희를 불쌍히 여기지는 마십시오. 행여라도 그런 생각은 말아 주십시오. 이제부터는 지금까지 누린 행복을 나누고 감사하며 살겠습니다.

그러나 다윗은 신하들이 수군거리는 것을 보고는 아이가 죽었음을 알아채고 아기가 죽었느냐고 물었다. 신하들이 그렇다고 대답하자 다윗은 땅에서 몸을 일으키더니 목욕을 하고, 몸에 기름을 바르고, 깨끗한 옷으로 갈아입고 야훼의 전에 들어가 예배를 올렸다. 그러고는 집에 돌아와 음식을 차려 오게 하여 먹기 시작하였다(삼하 12:19-20).

장례식 날, 16년 10개월 동안 사랑하는 아들을 저희에게 맡겨 주신 하나님께, 함께 살며 사랑하는 것이 무엇이고 사랑받는 것이 무엇인지 알게 해 주신 하나님께 감사를 올렸습니다. 그래서 장례예배 때 더 이상 울지 않았습니다. 아들을 통해 주신 축복을 헤아려 보는 축제의 시간이 되었으면 하고 바랐기 때문입니다. 아들의 귀한 삶을 축하해 주고 싶었습니다. 귀한 아들 보내 주시고 데려가신 하나님의 마음을 느껴 보고 싶었습니다. 하지만 아들이 그리워지는 마음만큼은 어떻게 견뎌야 할지 힘들었습니다. 내 마음에서 감사와, 그리고 창자 속에서부터 올라오는 아픔 두 가지가 고개를 들었습니다.

사람이란 결국 여인에게서 태어나는 것, 그의 수명은 하루살이와 같은데도 괴로움으로만 가득 차 있습니다. 꽃처럼 피어났다가는 스러지고 그림자처럼 덧없이 지나갑니다(욥 14:1-2).

장례식이 아니라 축제여야 합니다!

장례는 가족장으로 조용히 치르기를 원했습니다. 하지만 교회 장로님들이 그래서는 안 된다고 하셨습니다. 지난 8개월 동안 한결같이 기도해 주신 수많은 교우들과 교민들에게 도리가 아니라는 겁니다. 그래서 이왕 할 것이면 장례식이 아니라 축제로 하자고 제안했습니다.

처음에 교우들은 제 말 뜻을 이해하지 못했습니다. 아쉬움과 서러움이 아니라 지난 16년 10개월간 현택이를 우리에게 보내 주시어 온갖 기쁨을 누리게 하시고, 생명의 신비를 맛보게 해 주신 하나님께 그리고 하나님이 허락하셨던 그 축복된 시간을 감사하는 시간이 되었으면 좋겠다는 말씀을 덧붙였습니다.

언젠가 뉴잉글랜드연회 화이트 감독님의 스물아홉 살 난 아들이 콜로라도 설산을 등반하다 추락하여 죽었습니다. 그래서 위로해 드렸습니다.

"아드님 소식 들었습니다. 상심이 크시겠습니다. 하나님의 위로가 함께하시길……."

그러자 사모님은 정색을 하시고 이런 말씀을 해 주셨습니다.

"저는 아들의 죽음을 슬퍼하지 않기로 했습니다. 대신 하나님이 제게 허락하셨던 29년의 세월을 회상하며 감사하기로 작정했습니다. 아들 생각이 나면 아들이 죽었다는 생각보다는 29년 동안 하나님이 제게 주신 그 아름다운 순간들을 기억하면서 하나씩 감사를 드리고 있습니다."

영성수련 세미나에서 하셨던 그 말씀이 참 좋구나 생각했는데, 아들을 앞세우고 나서야 그 말뜻을 깊이 공감했습니다.

아들이 간 그 황망한 가운데서도 장례 절차와 순서를 짜야 했습니다. 저는 아들이 태어났을 때부터, 투병하고 숨을 거둔 그 순간까지 모아 두었던 사진을 꺼내 스캔을 하기 시작했습니다. 쉽지는 않았습니다. 그러나 아이를 잃은 슬픔으로 장례식을 망치고 싶지 않았습니다. 태어날 때 보관해 두었던 탯줄부터 갓난아이 적 사진, 그동안 찍어 두었던 아들과 우리 가족들의 모습을 살펴보았습니다.

정말 꿈같은 세월이 주마등처럼 스쳐 지나갔습니다. 앞으로 고등학교를 졸업하고, 대학교에 진학하고, 직장을 갖고, 사랑하는 여인과 결혼하고, 자녀를 볼 기회는 사라져 버렸지만, 지금까지 우리에게 꿈과 희망과 기쁨을 주었던 사진 속 순간들 하나하나를 살펴보면서 기억에 남을 순간들을 스캔했습니다. 아들의 생애 속에 서려 있는 하나님의 축복을 헤아리며 감사하고 찬양하는 예배를 구상했습니다.

사진 속의 아들은 천진하기만 했습니다. 생생하고 활기가 넘쳤습니다. 그때에는 누가 아플 줄 알았으며, 이리도 빨리 하나님 곁으로 갈 줄 누가 짐작이나 했겠습니까. 하지만 소중했던 순간들, 하나님이 축복으로 주셨지만 잊고 있었던 순간들을 하나하나 음미하면서 울다가 지쳐 쓰러지고, 일어나선 또 그 아름다웠던 세월 속으로 들어가 보곤 했습니다. 그렇게 나는 아들의 장례 축제를 준비했습니다.

현택이 천국환송예배 설교는 주일학교 때 선생이셨던 조유연 목사님이 맡았고, 기도는 현택이가 그리도 좋아하고 따랐던 김원기 전도사님이, 성경봉독은 아들의 성장 과정을 지켜보았던 김한성 목사님이 맡았습니다. "참 아름다워라"를 개회찬송으로 부르고 현택이와 같이 찬양밴드를 하던 고등부 아이들과 함께 "내 맘에 주여 소망 되소서"를 폐회찬송으로 불렀습니다. 아들의 짧은 생애 동안 하나님이 허락하셨던 축복의 순간을 영상에 담아 〈미션〉에 나오는 오보에 연주를 배경음악으로 함께 지켜보았습니다. 사진으로 본 축복의 순간들은 "나 하늘로 돌아가리라"로 시작되는 천상병 님의 시 〈귀천〉(歸天)을 낭독하는 것으로 끝이 났습니다.

하늘로 가는 아침

우리 아들 현택이가 하늘로 가는 그 아침은 밝았습니다. 만물은 깊은 잠에서 깨어나고 세상은 어제와 하나도 다를 바 없이 제 길을 가고 있었습니다. 아침 새소리도 유난히 맑고 아름다웠습니다. 뒤뜰에 쌓였던 눈들은 시린 대지를 감싸 안고 있다가 우리 현택이를 사랑하는 이들의 눈물과 사랑의 더운 기운에 자리를 내주고 이내 다 녹아 버렸습니다. 겨우내 움츠렸던 나무들도 막 기지개를 켜고 추위를 이기려 안으로 안으로 모아 두었던 생명의 능력을 가지마다 부어 새순을 준비하고 있었습니다.

하나님께서 사랑으로 주셨던 육신은 양지바른 곳으로 돌아가고, 16년 10개월 동안 자나 깨나 비가 오나 눈이 오나 함께하던 사랑의 기운, 생명의 능력은 모두 주인이신 하나님께로 돌아가는 날이었습니다.

생각해 보면 저는 복도 많은 사람입니다. 이처럼 아름답고 소중한 보물을 16년이 훨씬 넘는 시간 동안이나 고이 간직할 수 있었으니 말입니다. 이삭을 바치라는 하나님의 요구에 순종했던 아브라함처럼, 아들을 보냈습니다. 그리고 이제는 세상의 모든 이를 아들 삼아 사랑하며 남은 생애를 넓혀 가기로 마음먹었습니다. 그 소원을 위해 지금도 그저 기도할 뿐입니다.

"또 내가 보매 거룩한 성 새 예루살렘이 하나님께로부터 하늘에서 내려오니……"(계 21:2, 개역개정).

하늘과 땅이 입 맞추고 하늘이 열리고 땅이 화답하는 절대의 순간을 기도했습니다. 그동안 입고 있었던 육의 옷을 차디찬 대지에 벗어 던지고 하늘로 오를 아들의 영혼이 부활의 몸을 입으리라 믿습니다.

삶과 죽음, 그리고 부활의 신비를 이 우둔한 사람이 어찌 이해할 수 있겠습니까만 아들을 보내는 그날 그 실체를 비로소 조금 깨달았습니다. 뭐라 설명할 수는 없지만 내 아들의 죽음이요 내 아들이 입을 영체이니 더욱 그러했습니다. 하나님께서 하늘에서 내려오시는 것을 오늘은 제가 꼭 볼 수 있기를 기도했습니다.

죽음이라는 헤어짐

기어이 떠났습니다
현택이는 내 아들이지만, 내 아들이 아니었습니다

또 하루가 밝았습니다

또 하루가 밝았습니다. 봄기운도 느낄 수 있었습니다. 힘든 길이었지만 붙잡아 주시는 교우들이 있어 견딜 수 있었습니다.

고통 안으로 들어가 보니 삶과 죽음이 생각보다 참 가까이 있음이 느껴졌습니다. 그림자가 짙을수록 빛이 강하듯, 아픔이 깊을수록 전해 오는 사랑이 크고, 분열된 마음도 하나가 되어 치료되는 것을 배웠습니다. 그리고 제가 평소 입버릇처럼 말하던, '원래부터 좋은 사람 없고 원래부터 나쁜 사람 없다'는 사람 마음을 몸소 체험했습니다. 서로 다른 면은 나누어야 할 축복이고, 함께 공감하는 마음은 은총임을 다시금 깨닫습니다.

현택이가 쓰던 방, 손때 묻은 것들을 정리하려면 가슴이 수도 없이 무너져 내리겠지만 그것은 부모가 견디고 겪어야 할 몫이기에 피하지 않겠습니다. 사실 장례를 치르면서 걱정을 많이 했습니다. 임종 후에 나타난 무의식적인 감정 표출 때문에 사람들 마음을 다치게 하면 어쩌나 하고 말입니다. 그런데 다행히 그러지 않은 듯합니다. 이병무 목사님이 주신 청심환의 효과도 있었던 것 같고, 아들의 장례를 감사와 축복의 시간으로 만들려는 아비의 노력 덕도 있었던 것 같습니다.

현택이 이모가 그러더군요. 장례축제 예배 도중 목사님의 설교가 시작되는 순간 현택이의 웃음소리가 성전을 꽉 차게 들려왔다고. 그 웃음소리는 슬퍼서 눈물 흘리는 친구들과 교우들의 울음소리와 너무나 대조되었다고 했습니다.

하나님의 현존처럼, 사랑하는 사람들을 바라보면서 활짝 웃는 현택이의 기운이 예배시간 내내 성전을 가득 채웠고 새로운 존재로 영원한 삶을 시작한 그 아이의 모습이 내내 감동적이었다고 전해 주었습니다. 참으로 감사한 일이었습니다. 우리에게 새 하늘과 새 땅을 허락하셨다는 느낌이 들어 더욱 감사했습니다.

사랑하는 아들을 양지바른 곳에 묻었습니다. 흙은 흙으로 돌아가고 하나님께 받은 숨, 생명, 사랑, 진리는 주인이신 주님께 돌아갔겠지요. 깊은 절망, 더 이상 진하게 느낄 수 없는 아픔, 그 아픔을 통해서 전해 오는 아픈 사랑을 경험케 하셨으니 전과는 다르게 살 수밖에 없겠지요. 주체할 수 없는 절망으로 눈물을 쏟아 낸 덕분인지 장례식 다음 날 아침은 참으로 평온했습니다.

아직도 살아 있는 우리는 완전한 절망 끝에 온전한 부활의 능력을 덧입어 하나님 사랑의 증인으로 땅 끝까지 가야 하겠지요. 슬프고도 거룩한 시간, 아들을 묻고 내 꿈도 잠시 묻고 가슴 아픈 마지막 이별을 마무리해야 할 오늘, 하늘이 내려와 영원을 마음껏 느끼게 해 주기를 기도합니다.

사랑하는 코리 오빠를 추모하며

지난해에는 내 인생에 가장 힘들고 고통스럽고 또 가장 놀라운 일이 벌어졌습니다. 열일곱 살 된 우리 오빠가 암에 걸려 8개월 동안 투병하다 죽었습니다. 오빠가 아플 때 나는 처음으로 마음을 굳게 먹었습니다. 그러면서 하나님이 우리의 믿음을 강하게 하시려고 어떻게 어려움을 주시는지 배웠습니다. 이런 일이 나에게 일어나리라고는 생각도 못했습니다. 내가 하나님께 기도했듯이 오빠는 투병하는 내내 참으로 강했고, 하나님께 대한 믿음을 잃지 않았습니다.

오빠가 세상을 떠났을 때 사람들은 내가 참 강하다고들 말했지만 사실은 그저 아무 느낌이 없었을 뿐입니다. 오빠가 나를 떠난다는 것 자체를 상상도 할 수 없었기 때문입니다. 우리 오빠가 아파서 죽었다는 사실은 아예 생각할 수도 없었습니다.

뉴잉글랜드 어라이즈 중고등부 연합수련회에서 우리를 향한 하나님의 무한한 사랑에 대해 들었습니다. 그러나 그 설교를 듣는 내내 나에게는 의문 하나가 떠나지 않았습니다.

'이렇게 어려운 시기에 어떻게 기뻐할 수 있겠는가?'

그때 당시 내가 느끼는 것은 고통뿐이었거든요. 나는 오빠를 잃었습니다. 내가 원하는 것은 죽은 오빠가 다시 돌아오는 것 외에는 아무것도 없었습니다.

이렇게 의문을 품고 지내던 한 달 후 퍼즐이 맞추어지듯 모든 것이 서서히 내게 답을 주기 시작했습니다. 오빠의 쟁가(Xenga) 웹사이트에서 오빠의 마음을 담은 글을 읽었고, 오빠를 추모하는 글들도 읽게 되었습니다. 그렇게 많은 사람들이 오빠와 오빠의 이야기에 감동을 받고 있었습니다. 오빠는 친구들에게 알게 모르게 많은 영향을 주고 있었던 것입니다.

나는 오빠에게 무엇이 최선인지 아직도 모릅니다. 오빠가 나와 함께 있기를 바라는 마음만 간절하고, 오빠가 여기 있지 않기 때문에, 여기보다 더 좋다는 천국에 오빠가 어떻게 있을지도 상상이 안 갑니다.

오빠가 아픈 몸을 이끌고 내 생일 선물로 사다 준 MP3에 다운로드해 준 귀한 음악들을 들으며 몇 날 밤을 내 침대에 누워서 오빠가 보고 싶어 참 많이 울었습니다. 그중에 내가 반복해서 들은 곡 하나가 있었는데 "나는 오직 희망 중에 기다릴 뿐"(I can only Imagine)이라는 노래입니다. 그 노래를 반복해서 듣는 동안 하염없이 눈물이 흘렀습니다. 그것은 오빠에 대한 그리움에서 오는 눈물이 아니라 기쁨의 눈물이었습니다. 이 기쁨은 어라이즈 수련회 때 내가 가졌던 의문, '이러한 고통 속에서 어떻게 기뻐할 수 있겠는가?'에 대한 대답을 얻은 기쁨이었습니다. 오빠가 하나님 존전에 꿇어 엎드려 하나님의 '영원하심'을 찬양하는 모습이 상상되었기 때문입니다. 가사의 한 줄이 나를 더욱 감동시켰습니다.

"주님 앞에 섰을 때 내가 드릴 수 있는 것은 영원히 당신을 찬양하며 예배하는 것입니다"(I can only imagine when all I will do, is forever, forever worship you).

오빠는 내가 함께 있고 싶어 하는 여기보다도 바로 하나님의 영원을 찬양하는 그 순간, 그 자리에 가 있고 그 자리가 가장 좋은 자리임을 깨달은 것입니다. 일어난 모든 일에는 하나님의 뜻이 들어 있음을 믿습니다. 그리고 그것은 하나님 편에서 볼 때 최선의 것이라 봅니다. 나는 지금 내가 생각하는 것보다도 훨씬 더 좋을 하나님의 최선을 봅니다.

"욥이 주께 대답하였다. 주께서는 못 하시는 일이 없으시다는 것을, 이제 저는 알았습니다. 주님의 계획은 어김없이 이루어진다는 것도, 저는 깨달았습니다. 잘 알지도 못하면서, 감히 주님의 뜻을 흐려 놓으려 한 자가 바로 저입니다. 깨닫지도 못하면서, 함부로 말을 하였습니다. 제가 알기에는, 너무나 신기한 일들이었습니다. 주께서 말씀하셨습니다. '들어라. 내가 말하겠다. 내가 물을 터이니, 내게 대답하여라' 하셨습니다. 주님이 어떤 분이시라는 것을, 지금까지는 제가 귀로만 들었습니다. 그러나 이제는 제가 제 눈으로 주님을 뵙습니다"

(욥 42:1-5, 표준새번역).

Memory of My Brother, Kori

This past year has been the most toughest, painful, and yet most amazing time in my life. My older brother at age 17 had cance and died from the disease 8 months ago. When Kori was sick I went to firm for the first time. I learned there how God puts obstacles in our lives to strengthen our faith. So I prayed to God that he would do what was best for Kori and strengthen him while he went through his obstacles. I never thought of it applying it to myself. Just as I prayed, Kori was strong through all the tough times and he never lost his faith.

When he died some people saw me as strong but it was just that I had no emotions. The thought of him gone just didn't go through my head. It just wasn't the best that I wanted for him and expected. When I went to Arise Retreat I learned about God's infinite love for us. But a question about that was asked during a sermon stuck in my head. "in times of trouble... How can there be joy?" At that point all I felt was pain. I was missing Kori and all that I wished for was to have him back. It was only until a month later when everything slowly started to piece together and make sense for me. When I read Kori's comments on Xanga. I saw how many people his story touched and the impact he had on them, whether they knew him or not.

I never really understand how it was "best" for Kori. I didn't get how Kori was in a better place because he wasn't here where I wanted him to be. A couple nights ago, I was lying in bed crying listening to the MP3 Kori bought me for my birthday. I played one song over and over again, "I can only Imagine." When I listened to it the tears just streamed down my face. Theywere tears of JOY. The joy that I was missing during Arise Retreat and the whole summer. I could just imagine Kori kneeling before God praising him for all eternity. One line of the song really amazed me. "I can only imagine when all I will do, is forever, forever worship you." It was then that I realized that He was in a great place, a place so much better than where I wanted him to be. God had a reason for everything that happened and God's best, now I see, Is Better than the best that I thought would be...

(Hyunzie Tara Hong, Sister, 12)

현택이 없이 어찌 산단 말입니까?

현택이가 없다는 깊은 상실감은 내가 죽고 나서야 없어질 것 같습니다. 이제 현택이는 밥 먹을 때도 없고, 집에 와도 없고, 교회에 가도 없습니다. 훗날 현지가 결혼할 때도 없을 것이고, 준택이가 학교 갈 때도 없을 것입니다. 어떻게 해서든지 살아갈 것입니다만, 현택이 없이 살아야 한다는 것이 자신 없습니다.

현택이가 그리도 좋아하던 교회에는 올해도 꽃이 피었습니다. 새들은 여전히 노래합니다. 현택이가 풋볼하며 뛰놀던 잔디는 파릇파릇 생기가 돌아나는데, 풋볼하며 노는 아이들 틈에서 더 이상 현택이는 보이지 않습니다. 현택이 없는 봄은 예전 같지 않습니다. 모든 것이 변해 버렸습니다. 여전히 아름답고 여전히 신비로운 봄은 왔지만, 마음껏 그것을 누리지 못하는 것은 미안함 때문인지 죄책감 때문인지 서러움 때문인지 모르겠습니다. 하여튼 봄은 왔지만 내 마음은 아직도 추운 겨울입니다. 온전한 봄은 언제나 올지 모르겠습니다.

구름이 사라져 없어지듯 지하로 내려가는 자, 어찌 다시 올라오겠습니까? 자기 집에 다시 돌아올 수도 없고 그가 살던 곳

역시 그를 알아보지 못할 것입니다. 그런데, 나 어찌 입을 다물고만 있겠습니까? 가슴이 메어 하소연하고 마음이 아파 울부짖지 않을 수 없사옵니다(욥 7:9-11).

어디를 둘러봐도 현택이 생각뿐입니다. 피아노 소리가 나면 연주하던 모습이 생각나고, 아이들이 즐겁게 뛰노는 모습을 보면 땀에 흠건히 젖어 씩 웃은 채 들어서던 모습이 눈에 선합니다.

현택이가 가고 나서 몇 주일은 고등부 찬양팀의 기타와 드럼소리가 들릴 때마다 가슴이 아파 혼났습니다. 현택이가 그리도 사랑하던 찬양팀인데……. 아들 없는 기타소리는 현택이의 모습을 떠올리는 고통의 소리였습니다. 한동안은 집에 올 때 현택이가 다니던 고등학교를 일부러 돌아서 오곤 했습니다. 학교 건물만 보아도 현택이 생각에 마음이 저려 오니 어쩔 수 없었습니다.

아내의 요청에 따라 현택이를 교회 가는 길 어귀에 묻었는데 아침저녁 지날 때마다 매번 그냥 지나치지를 못합니다.

"아빠, 지금 교회 간다."

현택이에게 말을 걸어 보지만 메아리도 없는 독백일 뿐입니다. 날씨가 화창하면 화창해서 힘들고, 궂으면 궂은 대로 기분이 언짢아 힘들고, 눈이 오면 눈 속을 헤치며 황급히 병원 가던 기억이 나 아프고,

봄이 와 새싹이 나면 봄기운에 괜스레 서럽습니다. 모든 것이 아들이 가고 난 빈자리를 생각나게만 합니다.

빈자리, 부재 중, 침묵, 외로움……. 언제나 뭔가 빠진 것 같습니다. 밥을 많이 먹었는데도 늘 허기가 집니다. 때로는 이 침묵이 너무 크게 들려옵니다. 침묵 속에 전해 오는 고통과 슬픔은 끝이 없습니다. 언제쯤이면 아들의 침묵과 부재가 꽉 찬 충만으로 다가올까요?

현지와 준택이가 있지만 그들은 그들이 차지하는 공간이 따로 있고, 현택이가 간 자리는 여전히 비어 있습니다. 식구들 모두가 자리해도 여전히 한 자리는 비어 있습니다. 내가 이 세상을 떠나는 그때까지 그 자리는 비어 있을 것이며, 가슴속 깊이 묻은 아들에 대한 그리움은 언제까지나 가시질 않을 것 같습니다.

부재와 현존, 그것은 참으로 알 수 없는 신비입니다. "왜 없지 않고 있느냐?"고 하이데거는 한가하게 존재론적 물음을 제기하지만, 나는 "아들아, 너는 왜 있지 않고 없느냐?"는 실존적 물음을 가슴 치며 물을 수밖에 없습니다.

하나님, 왜 나는 있고 아들은 없어야 합니까? 대답 없는 물음에 대답해 주실 날을 기다리며 이해 못 하는 것은 그냥 놔두고, 하나씩 하나씩 이 고통 속에 담긴 뜻을 찾아갑니다.

현택이에게

사랑하는 이를 떠나보냈는데도, 여전히 아침 해는 떠오르고 아무 일도 없었던 것처럼 하루가 시작된다는 것이 꼭 살바도르 달리(Salvador Dali)의 그림 속에 들어온 것처럼 기이하게 느껴진다.

현택아, 그동안 네가 우리 곁에 있어 주어서 참 고마웠다. 네가 씩 웃던 모습이 눈에 선하구나. 다른 사람을 잘 이해해 주고 진솔하던 너, 따뜻한 사랑이 듬뿍 느껴지던 아이, 유머 감각도 풍부해 늘 주변 사람을 웃게 해 주던 아이. 네가 그동안 우리와 함께 있을 때 좀더 잘해 주지 못한 것, 더 사랑해 주지 못한 것이 아쉽고 미안한 마음이다.

이젠 교회에 오고 갈 때나, 너의 친구들이 찬양드릴 때에도, 또 테니스장 앞을 지날 때나 어디에서도 널 볼 수가 없겠구나. 낚시 갈 때도 너는 없겠지. 하지만 함께 메인에 가서 고등어 잡던 그 순간은 절대 잊지 못할 거야.

난 네가 우리 한 사람 한 사람 속에 작은 사랑의 씨앗을 심어 주고서 잘 가꾸고 자라게 하는 일을 시작하고 떠나간 것만 같다. 하나님께서 은혜의 비를 내리시면 먼지만 풀풀 나던 마음의 땅 위에도 풍성한 믿음의 나무들이 자라게 될 거야. 많은 영혼들이 너를 통해 보이지 않던 것을 보게 되었고 삶의 방향을 바꾸게 되는 귀한 역사가 일어날 것을 확신한다.

지금쯤 너는 말할 수 없이 아름다운 곳에서 하늘 성가대와 함께 찬양하고 있겠지? 네가 그렇게도 좋아하던 기타를 칠지 트럼펫을 불지 피아노를 치고 있을지 궁금하다. 올해는 더욱 부활절이 기다려지는구나. 그 어둠의 끝에서 맞을 놀라운 축복의 아침을 생각해 본다. 널 보내고서 맞는 첫 번째 부활절이라 우리 모두에게 특별히 더 새롭고 감사한 날이 될 것 같다.

다시 만날 때까지, 우리도 너처럼 선한 싸움을 다 싸우고 하나님께로 돌아갈 수 있기를 바라는 마음이다. 그동안 우리 크리스의 좋은 친구가 되어 준 것 참 고맙다. 주님께서 평안과 안식을 주시길 기원한다.

이심전심

어제는 메인에 갔습니다. 암 말기이신 권사님인데 이미 암이 전신에 퍼져 있어서 수술도 포기하셨답니다. 한국 다녀오기 전에 얼굴이라도 한 번 뵈려고 갔는데 가는 날이 장날이라 키모 치료 받으러 가서서 안 계셨습니다.

키모 받을 때의 사정을 누구보다도 잘 아는 저희들이라 힘들게 해드리지 않으려고 그냥 돌아왔습니다. 교우들이 암에 좋다고 주셨던 살구씨, 살구씨 기름, 홍삼은 대신 전해 달라고 다른 이에게 부탁했습니다. 돌아오면서 목소리라도 들으려고 전화를 드리자 반가워하셨습니다.

"권사님, 얼마나 힘드신지 내가 알어!"

"목사님, 나는 살 만큼 살아서 현택이하고 바꿔 달라고 기도했는데 이 기도는 안 들어 주시네?"

"무슨 소리예요? 지금까지 많이 베풀며 사셨으니 편안하게 치료하세요."

그러자 권사님은 울먹거리며 말을 잇지 못하시다가 한마디 하셨습니다.

"두려워 감히 전화도 못 드렸는데, 목사님 목소리 들으니 날아갈 것 같네요."

봄기운이 올라오는 95번 고속도로는 정겨웠습니다. 메인 턴파이크로 들어서자 고향에 온 느낌이었습니다. 7년을 살면서 정도 잔뜩 들었거니와 마음 따뜻한 사람들이 사는 곳이라 더욱 고향처럼 느껴지는 곳입니다. 낯익은 정경이 들어오는데 아내는 또 현택이 생각이 나는지 몰래 눈물을 훔쳐 냈습니다. 하지만 모른 척 얼른 화제를 바꾸었습니다. 옛날 살던 사택을 한번 둘러볼까 말을 꺼냈지만 가슴이 너무 아파 그만두기로 했습니다. 나중에 어느 정도 마음을 추스르면 다시 찾으리라 다짐하면서 그냥 내려왔습니다.

지금 있는 북부보스턴교회, 앤도버에서의 삶도 언젠가는 아름다운 기억으로 남겠지요. 그러기 위해 지금 하고 있는 일, 지금 만나는 사람들에게 정성을 다하며 열심히 살아야겠다고 다짐을 합니다.

내일이면 한국 여행길에 오릅니다. 아들 장례식을 치르고 바람 좀 쏘이라고 교회에서 한국 방문 휴가를 주셨습니다. 하지만 가슴이 설레기보다 장손을 잃은 어머니와 할아버지 할머니를 어찌 뵈올지 난감합니다. 그렇지만 치러야 할 일들이라면 피하지 않고 정면으로 맞서 나가야겠지요. 제가 간다고 하니까 친구 하나는 "우리 울지 말자" 다짐부터 하더군요.

하여튼 그냥 가서 그냥 있을 것입니다. 목적도 생각도 없이 그냥 흐름에 맡겨 볼 예정입니다. 아름다운 한 세상 사는 길에서 여러 가지를 경험하게 하시며 사랑을 만들어 가시는 하나님, 그분의 거대한 역사에 우리의 만남이 있음을 믿고 지금 여기에서 그 사랑을 충분히 누리고 나누고 싶습니다.

나의 살던 고향은

꿈에 그리던 고국을 방문하는 것은 좋은 일이지만 현택이 없는 여행이 무슨 의미가 있겠습니까. 하지만 마냥 슬픔에 젖어 지낼 수만은 없는 노릇이라 온 식구가 고국으로 왔습니다. 논산을 거쳐 내가 자란 정겨운 강경, 청소년기 꿈을 키웠던 그곳에서 시골길을 4킬로미터 달려 고향집에 도착했습니다.

"산천은 의구한데 인걸은 간데없다"지만 고향 떠난 지 30년, 지금의 내 고향은 인물도 많이 사라졌지만 강산도 변했습니다.

새벽에 일어나 들판을 마냥 걸었습니다. 눈앞에 아스라이 보이는 산꼭대기에 올라 갈퀴를 치켜들면 하늘이 닿는다는 내 시적인 말을 듣고 동생이 소풍 가서 해 보다가 하늘이 닿지 않아 실망했던 그 미륵산도 아스라이 보였습니다.

들판을 한없이 걸었습니다. 어릴 적 걸었던 그 좁은 시골길을 다시 걸어 보았습니다. 학교 가려면 반드시 지나야 했던, 무섭기만 하던 그 공골 다리가 그렇게 작아 보일 수 없었습니다.

모교도 찾았습니다. 짝사랑하던 연희는 지금 어디 살고 있을까? 맨날 꼴찌만 해서 부끄러웠던 운동회의 추억도 되살아났습니다. 옥수수 배급 빵 얻어먹던 학교 뒤켠에도 가 보았고, 공부 땡땡이치고 손오공 만화책을 몰래 보다가 모질게 혼이 났던 학교 뒷산에도 올라가 보았습니다. 튀밥을 잘 주시던 근식이 이모 무덤도 30년 만에 찾았습니다. 그분 무덤가에 앉아 세월의 무상을 느껴 보았습니다. 개울가 물고기 새우 잡던 실개천은 없어지고 잘 포장된 아스팔트 길 위에 차들만 무섭게 달리고 있었습니다.

주일 아침, 마을 어르신들은 미국까지 가서 목사 되어 돌아온, 홍 장로님 장한 아들의 귀환설교를 들으며 대견해하셨습니다. 어르신들은 이제 꼬부랑 할머니 할아버지가 되셨습니다. 홍 장로 아들이 설교단에 서 있는 모습만으로도 감격의 눈물을 흘리시는 어르신들은 한마디 한마디가 그저 대견하고 은혜로우신 모양인지 연신 아멘으로 화답해 주셨습니다.

집안에서 처음 예수를 믿고, 온갖 핍박을 받으시며 그 교회를 세우신 홍윤기 장로님! 못 배우셨지만 우직하게 교회를 섬기다 젊은 나이에 타계하신 아버님이 그리웠습니다. 당신이 세우신 교회에서 당신 아들이 목사 되어 강단에 서 있는 모습을 보셨다면 얼마나 좋으셨을까요?

온 가족이 아버님 산소를 찾았습니다. 산소 가는 시골길에는 이름 모를 꽃들이 많이 피어 있었습니다. 아버님 산소에서 준택이와 현지 그리고 아내와 함께 큰절을 올렸습니다. 친척 가운데 예수 안 믿는 분이 목사인 내가 산소에서 절하는 것을 의아하게 생각하셨습니다. 살아 계셨다면 한 번이 아니라 골백번도 더 올렸을 큰절이 왜 우상숭배가 되겠습니까? 죽은 영혼 달래는 절이 아니라 아버님에 대한 그리움, 고마움 그리고 아쉬움을 담아 올리는 큰절을 목사라고 왜 올리지 못하겠습니까? 큰절을 올리면서 그동안 가슴에 묻어 둔 마음을 아버님께 정성껏 올렸습니다.

무덤 주위에 지천으로 자란 쑥을 뜯으며 아내는 연신 탄성을 질렀습니다. 그날 저녁에는 쑥국을 맛있게 먹었습니다. 나의 살던 고향은 많이 변했지만 아직도 꽃피는 산골입니다. 돌아온 아들을 따뜻하게 품어 주는 어머니 품이었습니다.

대학교 3학년 때, 내 나이 스물네 살에 아버지를 그 땅에 모셨습니다. 그때 아버지는 쉰하나의 젊은 나이셨지만 그래도 받아들이기 쉬웠습니다. 하지만 아들이 아버지보다 먼저 가는 일은 있을 수도, 있어서도 안 되는 큰 불효입니다. 아들은 아버지처럼 땅에 묻을 수 없고 가슴에 묻어야 하기 때문입니다.

아버지는 과거요 아들은 내 미래인데, 아들 없는 미래를 어찌 상상할 수 있겠습니까? 어떻게 내 아들을, 내 미래를 땅에다 묻을 수 있겠습니까? 나의 미래요, 결국 나 자신인 현택이를 묻으며 나 자신도 땅에 묻었습니다. 자식은 살아 있는 것만으로도 큰 효도지만 아빠 먼저 떠나간 아들은 아무리 착하고 훌륭했어도 불효자임에 틀림없습니다. 좁은 길 굽은 산소 아래 산길을 넘어오는데 뻐꾸기는 구슬프게 울어 댑니다. 내가 살던 고향은 여전히 꽃피는 산골이지만 이제는 어쩐지 쓸쓸하고 적막한 슬픔입니다.

나는 마음이 고프다!

한국 방문 중 27년 만에 고등학교 동창들을 만났습니다. 아무리 친구라 해도 내가 목사라니 조심스러운 모양입니다. 그래도 허물없던 고등학교 친구들이라 편하게 해 주려 애를 썼습니다. 한 녀석이 얼큰히 취해 내 곁으로 와 이런저런 얘기를 하더니 혼자 하소연하듯 이런 말을 했습니다.

"석환아, 나는 마음이 많이 고프다."

오랜만에 만난 친구들의 그 많은 사연 중에 지금도 그 말이 가장 마음에 남습니다. 그 녀석만 마음이 고프겠습니까? 우물가의 여인도, 삭개오도, 그리고 나도 고픕니다.

> 나는 생명의 떡이니 내게 오는 자는 결코 주리지 아니할 터이요……(요 6:35, 개역개정).

복잡하게 이리 설키고 저리 얽혀 돌아가는 고국생활이 혼을 빼놓기는 하지만 그냥 모든 것이 정겹기만 합니다. 한국말로만 되어 있는 간판들이 마냥 정겹고, 돌아다니다 시장하면 아무 데나 들어가 먹고 싶은 것 골라 먹는 편안함이 좋습니다.

1987년 8월 30일에 미국 오고 나서 단절되었던 고국생활, 용어도 생소하고 생활 방식도 생소해진 한국 문화는 떠나올 때의 고국은 분명 아닙니다. 백화점도 마치 월마트에 온 기분이 들게 하는 고국은 이국처럼만 느껴집니다. 횡단보도에 주차되어 길을 방해하는 차들을 이리저리 피해 가며 무표정한 행인들 사이에 끼어 그냥 걸어 보았습니다. 차도 곳곳에 보따리를 풀고 단속반을 피해 장사하는 사람들이 안쓰러워 참외 몇 개와 딸기 한 꾸러미를 사들고 동생 집 아파트로 오면서 빈부 격차가 심화되는 이 현실을 한국 교회는 어찌 바라보는지 궁금했습니다.

마중 나온 후배목사의 승합차에 몸을 싣고 고국에서의 첫날밤을 흥분 속에 보냈습니다. 새로 생긴 서해안 고속도로 위를 달리면서 보니 여기저기 골짜기마다 한가롭게 서 있는 시골집들이 정겹기만 했습니다.

그렇게 달려 도착한 동생 집에서 어머님을 뵈었습니다. 아들 얼굴 보자마자 통곡하시는 어머님을 진정시켜 드렸습니다. 동생들도 반가운 한편 아픈 기억이 떠오르는지 목 놓아 울었습니다. 혼자였던 동생들은 벌써 출가하여 의젓한 부모가 돼 있었습니다. 제 또래 사촌들 속에서 이게 웬 횡재냐 흥분하는 준택이를 진정시키는 일이 쉽지 않았습니다.

마침 시집간 여동생의 둘째 딸 백일이라 오랜만에 외삼촌 노릇, 오빠 노릇하면서 조국에서의 첫날을 뿌듯하게 보냈음을 보고드립니다.

내 아들이 아니었습니다

아이들 셋을 내가 다 목욕시켰습니다. 주먹만 한 생명을 안고 씻길 때 전해 오는 그 느낌은 세상 어떤 것보다 신비롭고 향기롭고 부드럽고 아늑했습니다. 아내는 나에게 아이들 목욕시키는 특권을 내주었습니다. 큰아들 현택이는 생명의 신비를 맛보게 해 준 첫사랑이었습니다. 목욕시키고, 젖 먹인 뒤 트림시키고, 배 위에 엎어 흔들어 주면 영락없이 곤히 잠을 잤습니다. 요람에서 재우고 목욕을 시키던 바로 그 손으로 현택이를 관 속에 뉘여 보내야 했습니다.

집에서 숨을 거두고 장의사로 간 이후 나는 장의사를 찾지 못했습니다. 그리고 마지막 이별을 하려고 교회로 들어왔을 때 본 아이, 관 속에 누워 있던 그 아이는 내 아이가 아니었습니다. 내 아이는 늘 에너지가 넘치고, 발그레 홍조를 띤 홍안 소년이었는데 굳어지고 차가워진 몸은 내 아들이 아니었습니다.

사람이 사람을 느낄 수 있는 최고의 방법은 만지고 쓰다듬으며 느끼는 것인데 만져 보니 예전에 이 손으로 목욕시키던 그 아들이 아니었습니다. 그토록 나에게 기쁨을 주던 몸을 이제는 떠나보내야 했습니다. 발가벗는 것 창피하게 생각하는 그때까지 내 손으로 목욕을 시켰는데 바로 이 손으로 그 아이를 보내야 했습니다.

그러고 보니 현택이는 내 아들이 아니었습니다. 내 소유가 아니었다는 말이지요. 사랑이 무엇이고, 사랑을 주고받는 것이 어떠한 것인지 가르쳐 주시려고 하나님께서 내게 잠시 잠깐 보낸 천사였습니다. 내가 그를 내 것으로 착각한 것이지요.

그동안 나는 아들이 내게 온 것을 너무도 당연하게 생각했습니다. 아들이 세상을 떠나는 일은 있을 수도 없고 있어서도 안 되는 일이라 생각했습니다. 사람이 그리도 간사합니다. 아들이 내게 온 것은 당연한 일이고, 가는 것은 안 된다니요. 그래도 여전히 내 마음은 그랬습니다.

있을 때는 그저 좋기만 하고, 든든하기만 했는데 아들이 가고 난 지금에야 그가 얼마나 소중한 존재였는지 새삼 느낍니다. 바쁘게 살다 보니 언제나 거기 있겠거니 하며 함께하는 시간을 유보하며 살아 왔는데 가고 난 지금, 아들하고 좀더 시간을 가질 걸…… 너무나 후회스럽습니다.

지난 16년 10개월 전 아들은 선물처럼 홀연히 내게 기쁨으로 왔다가, 홀연히 슬픔으로 떠났습니다. 아들이 가고 난 지금 그가 가고 난 빈자리, 그를 못 잊어 하는 사람들의 소중한 추억 속에서 나는 또 울고 말았습니다. 너무 보고 싶고, 너무도 그립습니다. 왜 내 곁에 있을 때는 감사하지 못했을까요? 왜 우리는 떠나고 나서야 그 빈자리에서 아쉬워하고 그리워하는 것일까요?

어제 아내는 새벽기도하러 가서 한 시간은 기도하고 한 시간은 아들 무덤에서 한참 울다 왔답니다. 아들이 누워 있는 무덤을 그냥 지나칠 수 없어 찾아가 실컷 울고 온 모양입니다. 그리고 진이 빠져 하루 종일 힘을 못 쓰고 저녁에 심방도 같이 못 갔습니다. 앞으로 두고 두고 우리 부부가 겪어 가야 할 길인 것을 어찌하겠습니까?

아들 생각이 간절해 딸 방으로 들어갔습니다. 현지를 꼬옥 안고 기도해 주었습니다. 그리고 딸에게, 아빠가 얼마나 사랑하는지 말해 주었습니다. 앞으로도 틈나는 대로 사랑한다고 고백하려 합니다. 현지도 자기 방에 오빠 사진들을 소중하게 붙여 놓았습니다. 컴퓨터 배경 화면으로도 띄워 놓았습니다. 하지만 오빠에 대해서 말하는 법은 없습니다. 모쪼록 오빠 없는 아픔이 큰 상처로 남지 않고, 삶의 신비를 깨닫고 굳건하게 살아가는 계기가 되길 기도할 뿐입니다.

온갖 훌륭한 은혜와 모든 완전한 선물은 위로부터 오는 것입니다. 하늘의 빛들을 만드신 아버지께로부터 내려오는 것입니다(약 1:17).

그렇습니다. 세상적인 눈으로 보면 별로 특별할 것 없는 하루겠지만, 믿음의 눈으로 바라보면 모든 것이 하나님의 사랑이 스며 있는 축복이며 특별한 순간입니다. 오늘도 나는 다시는 되풀이할 수 없는 소중한 시간들을 보낼 것입니다. 다시 되풀이되지 않는 오늘은 하나님이 나를 사랑하셔서 주시는 특별한 복일진대 충분히 누리며 나누겠습니다. 한 사람 한 사람 만날 때마다 하나님이 왜 오늘 이 사람을 만나게 하시고, 이 사건과 사물을 만나게 하시는지 진지하게 물어보며 이 하루를 살겠습니다. 하나님이 나를 위해서 보내 주신 사람들이요, 나에게 좀더 많이 누리라고 허락하신 일들일 터이니 충분히 누리겠습니다.

"있을 때 잘해!"라는 노래 가사처럼 주어진 것 가지고 보내 주신 사람들과 하나님의 신비를 마음껏 누리는 오늘, 그 오늘을 내 생의 가장 특별한 날로 받겠습니다.

현택이가 잠든 무덤가를 오고 갑니다

오늘도 현택이가 잠들어 있는 자리를 지나왔습니다. 아이 무덤을 지날 때마다 먼저 떠나보낸 안타까움, 미안함이 자꾸만 가슴을 칩니다. 이제는 훌훌 털고 다시 일어설 때도 되었건만 그 빈자리를 채우지 못해 밀려오는 허전함을 어쩔 수가 없습니다.

그토록 사랑했던 사람을 더 이상 이 세상에서 볼 수 없다는 것은 너무도 가슴 아픈 일입니다. 그토록 애지중지했던 자식의 체취를 더 이상 느낄 수 없는 것은 가슴이 찢어지는 고통입니다. 그 감미로운 목소리를 더 이상 들을 수 없고 겸연쩍게 웃으며 다가오는 그 아름다운 모습을 더 이상 볼 수 없다는 것은 정말 견딜 수 없는 아픔이요 슬픔입니다.

현택이의 무덤가를 지날 때마다 저는 겸손해집니다. 세상 사람들에게 죽음은 참으로 고통스럽고 저주스럽지만 때로는 살아 있음을 느낄 수 있고 살아 있는 것들에 대한 애정을 갖게 하는 감사의 원천이요 은총임을 깨닫습니다. 죽음을 늘 의식하며 살아가는 지혜를 간직하고 싶습니다. 준비된 죽음은 바로 오늘을 충만히 살게 합니다. 오늘을 거룩하게, 조심스럽게, 그리고 성실히, 최대한 기쁘고 행복하게 사는 것, 그것은 죽음을 의식하며 살 때 비로소 시작될 테지요.

사람들은 모두 언젠가 죽을 것을 알지만, 자기의 죽음을 미리 실감하는 사람은 하나도 없습니다. 죽게 되리란 사실은 누구나 알지만, 자기가 죽는다고는 아무도 믿지 않습니다. 죽음이 온다는 것을 안다면 지금보다 더 정성스럽게 살 것이고, 진지하게 관계를 맺어 갈 것입니다. 어떻게 죽어야 할지 배우게 되면 어떻게 살아야 할지도 보이게 되는 법입니다. 일단 죽는 법을 배우고, 언제든 죽을 수 있다는 사실을 인정하면 탐진치(貪瞋痴: 탐욕과 노여움 및 어리석음)의 집착과 욕심에서 벗어날 수 있습니다.

죽음을 모르는 사람은 지금 갖고 있는 소중한 것들을 너무 당연하게 받아들이는 커다란 오류를 범합니다. 현택이 무덤가를 지날 때마다 인생의 엄숙하고 엄연한 현실을 깨우칩니다.

흐르는 강물처럼

1987년 8월, 4개월 된 현택이를 데리고 애틀랜타 조지아로 유학을 왔습니다. 미국에 대한 동경과 불확실한 미래에 대한 두려움을 안고 시작한 미국생활. 고양이 먹는 음식으로 식사를 하고, 그레이프프루트란 과일의 독특한 맛을 몰라 썩은 줄 알고 다 내버리면서 서툴게 시작한 유학생활은 언어장벽과 생활고에 시달리다 보니 어느새 2년이 훌쩍 지나가 버렸습니다.

1989년에 아내와 아들 현택이 그리고 나, 이렇게 세 식구가 애틀랜타 조지아에서 떠나 보스턴으로 이사를 했습니다. 책은 우편으로 부치고, 살림살이는 금방 폐차해도 좋을 만한 차에 싣고, 도중에 이틀을 자면서 그렇게 보스턴까지 운전을 해서 갔습니다.

보스턴에서 박사 과정 공부하고 목회를 시작하면서 어렵게 어렵게 생활을 꾸려 갔습니다. 복잡한 케임브리지에서 살면서 꽤 많은 친구와 교우들을 사귀었습니다. 성 요한 교회에서 1년, 케임브리지 한빛교회에서 5년, 그렇게 6년을 보스턴에서 살았습니다.

그리고 1995년에 포틀랜드 메인으로 파송을 받았습니다. 한인들은 모두 합해 400가구가 채 넘지 않았고, 그 가운데 80퍼센트는 이중문화 가정이었습니다. 그곳에서 7년을 살면서 마음 따뜻한 사람들과 생로병사의 기쁨과 슬픔을 함께했습니다. 교회 공간을 마련하고 증축도 하면서 참 꿈 같은 7년을 보냈습니다. 염원하던 학위도 받았고, 정회원 목사도 되었습니다.

지금은 앤도버 매사추세츠에서 살고 있습니다. 북부보스턴교회로 파송받은 지도 벌써 3년이 훨씬 넘었습니다. 그저께는 애틀랜타, 어제는 보스턴과 포틀랜드, 오늘은 앤도버……. 그리고 내일은 또 어디가 될지 모르겠습니다. 아무도 모릅니다. 제가 미국 올 때 보스턴에서 목회하리라 생각이나 했겠습니까? 그런데 저는 지금 여기에서 이렇게 살고 있습니다.

성공과 실패, 사랑과 미움, 기쁨과 역경, 성취와 불확실함, 끝도 없이 이어지는 인생길에서 수많은 희로애락을 경험했지만 그 길에서 만난 분들이 모두 동반자가 되어 주셨습니다. 물론 아픔과 씁쓸함을 안겨 준 사람도 있지만 대부분은 좋은 친구들, 동행자들이었습니다.

죽음의 골짜기를 힘겹게 걸어오는 동안 슬픔과 고통만 있었던 것은 아닙니다. 우리 모두는 서로 사랑함으로 풍성하게 살 수 있다는 것을 느낄 수 있었습니다. 함께 울고 함께 나누며 하나가 되는 경험을 한 것입니다. 물론 많이 아프고 아리고 쓰리고, 때로는 현택이가 못 견디게 보고 싶어 소리 없이 홀로 흐느껴 울 때도 있습니다. 그러나 아픈 중에 주시는 은혜가 큽니다. 극한의 고통을 겪은 사람만이 얻을 수 있는 은총도 깨달았습니다.

높음이나 깊음이나 다른 어떤 피조물이라도 우리를 우리 주 그리스도 예수 안에 있는 하나님의 사랑에서 끊을 수 없으리라(롬 8:39, 개역개정).

잠시 받은 몸이 사랑을 알았다면 더 바랄 게 무엇이겠는가 싶습니다. 제 주변 사람들도 이번 일을 겪으면서 서로가 더 가까워졌습니다. 사도행전 2장 44절에 나오듯 예수님의 죽음이 제자들의 분산된 마음을 하나로 묶어 서로가 물건을 통용하고 필요에 따라 나누면서 하나가 되게 했던 것처럼 말입니다. 현택이를 통해서 내게 그리고 우리에게 오신 하나님을 뵈었습니다. 무얼 더 바라겠습니까?

또 새해가 밝았습니다. 앞으로 무슨 일이 일어날지, 누구를 만날지 저는 모릅니다. 누구와 함께 내 인생을 엮어 갈지도 모릅니다. 미국에 와서 두 아이가 더 태어났고, 함께 왔던 큰아이는 먼저 떠났습니다. 나는 중년으로 접어들어 머리도 빠지고 희끗희끗 새치도 보입니다. 주변도 놀랍게 변해 갑니다. 단 한 가지, 이제 와 터득한 중요한 사실 하나는 나의 일생 다 가도록 좋은 동반자를 계속 보내 주실 것이고 온갖 신비스런 경험을 주시리라는 믿음입니다.

흐르는 강물처럼 끝없이 흘러가는 인생, 노력에 의해서 만들어지기도 하지만 내 의지와는 상관없이 흐르기도 합니다. 전혀 예기치 않은 일들, 예상치 못했던 사람들과 함께 끝없이 도전하고 새로운 깨달음을 얻으면서 그렇게 제 인생은 흘러가고 있습니다.

이제는 겁을 먹기보다 하나님이 무슨 일로, 또 어떤 사람으로 놀라운 복을 주시려나 기대하는 연습을 하고 있습니다. 하나님의 거대한 계획 속에, 그분이 만드시는 흐름 속에 저를 맡기고 믿음으로 가렵니다.

인생의 강물이 유유히 흐를 때도 있겠지요. 그러나 때로는 격랑 속을 헤엄쳐 가야 할지도 모릅니다. 하지만 지금까지 살아왔던 것처럼, 앞으로는 더 깊이 인생을 음미하고 감사하며 살 것입니다. 하나님을 알고 사랑하려는 사람의 인생은 모든 일들이 합력해서 선으로 바뀔 것을 믿기 때문입니다. 흐르는 강물처럼 모든 것을 받아들이고 순응하지만 동시에 모든 것을 씻어 내고 정화시켜 나가는 거대한 힘을 받아 누리고 싶습니다.

현택아, 아빠가 잘못했다!

누구나 그렇듯이 지내 놓고 보면 후회스럽습니다. 이 세상에 준비된 부모가 어디 있겠습니까? 첫아이는 첫사랑이기도 하지만 부모가 지닌 무지함을 고스란히 물려받아야 하는 나쁜 점도 있습니다.

처음 해 보는 부모 노릇은 마음대로 잘 되지 않았습니다. 특히 유학 초기에는 공부다 생활고다 또 낯선 곳에서 적응하느라 아이와 잘 놀아 주지 못했고, 외국생활에서 오는 스트레스를 온전히 감당하지 못해 나도 모르게 현택이와 아내에게 화를 쏟아 내기도 했습니다.

얼마나 잘 키워 보겠다고 그리도 노심초사하고 아이에게 엄하게 했는지도 후회막급입니다. 현택이에게 너무 모질게 했다는 자책감이 밀려옵니다. 지난 일들이 미안하기만 합니다. 목회하면서 여러 가정문제를 상담하다 보니 부모와 자식 간의 관계가 일생 동안 상처로 남아 살아가는 내내 사람들을 힘들게 하는 것을 봅니다. 좋은 부모 만나서 삶을 마음껏 누리는 사람도 있지만, 그런 사람은 드뭅니다.

미국 동북부 극단에 위치한 포틀랜드 메인 주에서 목회할 때입니다. 대서양을 끼고 있는 교회에서 사택으로 돌아오는 길은 그야말로 환상적이었습니다. 아침에 떠오르는 찬란한 햇빛이 바닷물에 반짝이는 장면도 장관이거니와 해가 서쪽으로 뉘엿뉘엿 지면서 바다를 붉게 물들이는 장면도 기막히게 아름답습니다.

그날은 해가 세상을 유난히도 붉게 물들이며 바닷속으로 빠져들고 있었습니다. 그러나 나는 현택이에게 고해성사를 하고 있었으므로 그것이 끝나고 아들의 용서를 받을 때까지 그 아름다움을 바라볼 여유가 없었습니다.

"현택아! 생각해 보니 아빠가 너한테 많이 잘못한 것 같아. 현지를 키우고 준택이까지 보고 나니 아빠가 너한테 얼마나 너그럽지 못했는지 알 것 같구나! 너한테 아빠가 너무 모질게 한 것 용서해 주라."

목이 메어 마지막을 끝내지 못했는데, 아들도 수긍한다는 듯 이런 저런 서운했던 것들을 하나씩 꺼내기 시작했습니다. 이른바 아들과 아버지의 화해가 시작된 것이지요. 솔직하게 얘기해 주는 아들이 고마웠습니다. 아프고 서운했을 마음이 풀어지기를 바라면서, 응어리졌던 아들의 마음과 미안하기만 한 아빠의 마음을 서로 나누었습니다. 그리고 그 말미에 아들은 아빠를 위로했습니다.

"아빠가 나한테 그렇게 엄하게 했으니까 내가 이렇게 공부도 잘하고 피아노도 잘 치지. 덕분에 비뚤어지지 않고 뭐든 잘하는 아들이 되었잖아. 아빠가 다 잘못한 것만은 아니야! 아빠가 나한테 잘한 것이 훨씬 더 많아."

아들은 그때그때 서운했던 것들을 주섬주섬 얘기하면서도, 이미 다 지나간 일이기도 하고 생각은 나지만 가슴에 맺힌 것은 없다면서, 미안해하는 아빠를 오히려 안심시켜 주었습니다.

그때 그렇게라도 잘못했다고 용서를 빈 것이 천만다행이다 싶습니다. 그 아이 마음을 풀어 주지 못하고 보냈더라면 두고두고 마음이 무거웠을 것입니다.

부족한 아빠를 용서해 준 현택이가 참 많이 고맙습니다. 내게 와 함께 살면서 안겨 준 기쁨만 해도 헤아릴 수 없는데, 못난 아빠를 너그렇게 용서하며 듬직한 손으로 아빠의 축 처진 어깨를 두드려 주기까지 했으니 나는 참 행복한 아빠였습니다.

너무 일찍 철이 든 아이

고등학교에서 현택이를 가르쳤던 수학 선생님이 아는 교인에게 며칠 전 현택이 얘기를 했다고 합니다.

"코리(코리언의 애칭으로 지어 준 현택이의 영어 이름)가 교실에 들어오면 분위기가 바뀌었어요. 몇십 년 수학을 가르쳐 왔지만 코리처럼 영리하고 인간성이 좋은 아이는 드물었어요. 자기 공부뿐 아니라 수학이 모자라는 아이들을 자원해서 도와주면서 용기를 북돋아 주었어요. 코리는 교실을 밝게 만드는 마력을 지닌 아이였어요!"

지금도 현택이의 무덤가엔 테니스공과 꽃들이 항상 있습니다. 아들이 먹는 것을 좋아해서 김밥이나 과자가 놓여 있기도 하고, 편지와 사진도 볼 수 있습니다. 친구들이 갖다 놓은 것이지요. 시간이 지남에 따라 이 아이들에게서 아들에 대한 기억은 차츰 잊혀지겠지만, 아들의 따뜻한 기운이 친구들의 가슴속에 상처보다는 축복으로 남길 기도합니다.

한번은 현택이가 내게 이런 말을 했습니다.

"아빠는 나에게 고마워해야 해요. 내가 아빠 목회를 얼마나 많이 도와주고 있는지 아마 모르실 거예요. 우선 내가 학교나 교회에서 말

썽을 안 피우니 아빠 체면이 서고, 교회에서 열심히 봉사도 하니 얼마나 큰 도움이 돼요? 그리고 아빠가 돈을 많이 못 버니까 내가 장학금 받아 대학 가려고 열심히 공부 잘하잖아요."

아빠 놀리느라 하는 얘기였는데 지나고 보니 정말 아들은 저를 잘 도와주었습니다. 부모가 대부분의 시간을 교인들과 보내야 하고, 아빠 체면 생각해서라도 어릴 때부터 항상 양보하고 모범생이 되길 강요하는 분위기 때문에 목사 자녀들 가운데는 삐뚤어지는 아이들도 많다는 말을 들은 적이 있습니다. 그래서 저는 반대로 했습니다.

"목사는 아빠 하나면 족하다. 그러니 너까지 목사 아들처럼 되려고 노력할 필요 없어. 화나면 싸우고, 싸우면 맞지 말고 같이 때려! 아빠가 다 책임질게!"

행여 목사 아들이라서 주눅 들고 성격이 잘못될까 봐 좀 과도하게 이야기한 것이긴 했지만, 늘 이렇게 말해 주었는데도 목사 아들인 것이 많이 신경 쓰였던 모양입니다. 하지만 대견스레 잘 자라 주니 고마웠습니다.

막내 준택이가 생기기 2년 전 일입니다. 40세가 훨씬 넘은 교인이 늦둥이를 보았습니다. 그래서 현택이에게 물었지요.

"동생 하나 더 낳아 줄까?"

그러자 현택이는 길길이 뛰며 반대했습니다. 이유를 물은즉, 아빠는 가난한 목사인데 아이가 하나 더 생기면 우윳값이며 교육비, 생활비를 어떻게 감당할 것이냐며 조목조목 따졌습니다. 그 말에 딱히 무어라 답할 수가 없어서 "그건 네가 결정하는 게 아니고 엄마 아빠가 알아서 하는 거야" 하고 얼버무렸습니다.

그랬더니 화가 나서 한동안 말도 안 했더랬습니다. 아마도 사춘기에 접어든 때였으니 엄마 배가 남산만 해 가지고 다니는 것을 볼 생각에 못내 불편했던 모양입니다.

2년 후, 준택이를 가졌을 때 동생을 무척 기다리던 딸아이는 이 소식에 무척 기뻐하며 엄마 아빠가 자기에게 최고로 좋은 선물을 주는 거라고 했습니다. 그러면서 오빠에게 무슨 말을 들었는지 당분간 오빠에게는 말하지 말자고 했습니다. 반면 현택이는 그 소식을 듣고 나서 더 이상 아무 말도 하지 않았습니다. 자기가 싫어해도 어쩔 수 없다고 판단했던 듯싶습니다.

그러던 녀석이 막상 준택이가 태어나자 언제 그랬냐는 듯이 무척이나 좋아하고 마치 아빠처럼 자상하게 돌보았습니다.

"아빠, 애기는 그렇게 안는 게 아냐! 어떻게 아빠가 돼 가지고 애기 안을 줄도 몰라요? 아빠, 나 그렇게 키웠어?"

아무렴 내가 저보다 둘이나 더 키웠는데 저보다 아기를 못 볼 리 있겠습니까만 굳이 내게서 준택이를 빼앗아 조심스레 안던 모습, 똥

기저귀도 갈고 우유도 먹이던 녀석의 모습이 눈에 선합니다.

"아빠! 내가 이 녀석은 완전한 아이로 키울 거예요! 동생을 보니까 나는 앞으로 소아과 의사가 되어야 할까 봐."

그러면 나는 웃으면서 "네가 아빠냐? 내가 아빠냐?" 되묻곤 했습니다. 정말 누가 아비인지 모를 정도로 현택이는 동생을 끔찍이 사랑했습니다. 한번은 내가 준택이를 보다가 소파에서 잠깐 잠이 들었는데, 그 사이 준택이가 신발장에 기어가서 신발을 빨아 먹었지요. 그 소릴 듣고부터 현택이는 절대로 아빠 혼자 동생을 못 보게 했습니다. 어디를 가도 꼭 데리고 다녔습니다. 그 사랑을 기억하는지 준택이는 가끔 형아 보고 싶다며 공동묘지 가자고 졸라 댑니다. 그렇게 이따금 형의 무덤을 찾아가 실컷 놀다 옵니다.

때로 내 인생에서 행복은 끝났다는 생각이 들곤 합니다. 옛날 사진을 볼 때마다 '그때가 행복했지' 하는 생각이 듭니다. 현택이가 짓궂게 굴던 사진을 보면 웃기는 하지만 아주 쓸쓸한 웃음이 되고 맙니다. 내 인생은 참으로 행복했습니다만 이제부터 가슴 저 깊숙이 눌러앉은 슬픔이 기조가 될 것 같습니다. 슬픔이 마음속에서 바다가 되고 말았습니다.

"현택아, 내 아들아! 이제 나 너 없이 어찌 살거나!"

현택이가 있었다면 이렇겠구나!

얼마 전 강원도에서 중고등부 아이들이 여행을 와 이틀 동안 묵고 갔습니다. 아이들이 다 밝고 예쁘고 듬직했습니다. 이 아이들을 보고 있노라니 먼저 간 현택이 생각이 가슴에 사무쳤습니다. 아들이 여기 있었다면 이 아이들과 참 재미있게 놀 수 있었을 거라 생각하며 가슴이 아파 왔습니다.

'현택이가 있었다면 이렇겠구나!'

그 생각만 하다가 하루를 다 보냈습니다.

생각해 봅니다. 아들이 먼저 떠나서 이리도 서러운 것일까요? 내가 먼저 떠났으면 괜찮았을까요? 아닙니다. 가까이 맺은 인연이 깊으면 깊을수록 떠남은 아쉬운 법입니다. 더욱이 변화와 도전을 싫어하는 나에게는 큰아이의 빈자리가 더 큰 아픔으로 다가옵니다. 하지만 떠남 뒤에는 늘 또 다른 시작이 기다리고 있다는 것을 압니다. 다만 내가 그것을 얼마나 크게, 혹은 얼마나 작게 느끼느냐의 문제이겠지요. 내가 겪은 아픔이 내가 살아가는 데 필요충분조건은 될 수 없다 해도 그냥 필요한 조건이라 생각합니다.

내게는 아직도 가야 할 먼 길이 있고, 아직도 내 손길이 절실히 필요한 어린 준택이와 현지가 있습니다. 그리고 같은 아픔을 날마다 새롭게 다독이며 살아가는 내 남편이 있습니다.

거실에 현택이 사진을 걸어 놓았습니다

어떤 사람은 떠난 아이 잊어버리라 합니다. 어찌 그런 말을 할 수 있을까요? 어떻게 잊으란 말입니까? 가슴에 묻은 아들하고는 평생을 함께 살아야 하는 데 말입니다.

아들 친구 석미와 모니카가 대학 1학년을 마치고 방학을 맞아 돌아왔습니다. 지금 있었으면 이 친구들처럼 대학생활을 마음껏 즐길 아들 모습을 상상해 봅니다. 때때로 아들 필체가 담긴 CD나 메모를 볼라치면 한숨이 저절로 나옵니다. 차고에는 아직도 아들이 탔던 휠체어가 있습니다.

지난번 한국에 갔을 때 10년 넘게 햇빛을 보지 못해 곰팡이 슬어 볼 수 없는 책들은 없애고, 빛바랜 앨범들, 사진, 손때 묻은 일기장, 편지, 기념패, 감사패들을 가져왔습니다. 아랫도리를 내놓고 자랑스레 찍은 백일사진, 초등학교 입학과 졸업사진, 첫사랑 숙이와 찍은 중학교 때 사진들을 보면서 내가 살아온 삶의 뒤안길이 영화처럼 펼쳐졌습니다.

그러다 어머니의 사진과 아내의 사진이 겹쳐져 순간 깜짝 놀랐습니다. 지금 내가 내 아버지의 그때를 살고 있고, 아내는 내 어머니의 그 시절을 살고 있었습니다.

그리고 첫아들 현택이가 태어날 때 찍었던 사진들이 여러 장 나왔습니다. 병원에서 탯줄을 끊고 기념으로 찍어 두었던 사진도 나왔고, 병원에서 써 준 출생 기록들도 나왔습니다. 1987년 4월 11일 충남대학병원에서 첫울음과 함께 숨을 쉬었고, 2004년 2월 27일 집에서 마지막 숨을 거두었습니다. 첫아이를 얻고 살았던 대전의 괴정동 셋집도 볼 수 있었고, 아빠처럼 아랫도리 내놓고 찍은 현택이 사진도 여러 장 있었습니다.

옛날 사진들을 보며 추억을 떠올리면 이런 생각이 듭니다.

'그 숱한 시간들, 불면으로 지새우고, 불편했던 시간들을 살아왔다. 지금 이 순간을 위해서 말이다. 오늘 나는 내 인생 최고의 전성기를 살고 있으며, 또 황금기로 살아야만 한다. 내일이나 나중을 위해서 오늘을 유보하기에는 인생이 너무 짧고 너무 아름답지 않은가?'

사랑하는 여러분, 이 한 가지를 잊지 마십시오. 주님께는 하루가 천 년 같고 천 년이 하루 같습니다(벧후 3:8).

천 년을 한순간에 살아 낼 수 있도록(카이로스) 그렇게 영원에 잇대어 살아가야 하겠습니다.

가을비에 젖어 힘에 겨운 낙엽들이 바람에 흔들리다 떨어져 뒹굴고 있습니다. 작년 이맘때는 세월이 가는지 오는지 모르게 정신없었는데 올가을에는 뭔가 가슴 한구석에 휑하니 찬바람이 입니다. 올겨울을 어떻게 날지 벌써부터 걱정입니다.

주섬주섬 현택이 사진을 정리했습니다. 볼수록 잘생겼고, 볼수록 아까운 아이입니다. 슬픔을 잊기 위해서라도 숨겨 두지 않고 액자에 고이 넣어 이 방 저 방 마음껏 볼 수 있도록 걸어 놓았습니다. 사진 속의 현택이가 멋쩍게 웃고 있습니다. 사진을 보면서 다짐했습니다. 멋있는 사진을 찍기 위해 오늘, 바로 오늘 하나님이 정하신 이때를 열심히 살겠다고 말입니다.

산 너머 남촌에는

산 너머 남촌에는 누가 살길래

해마다 봄바람이 남으로 오나

……

산 너머 남촌에는 누가 살길래

저 하늘 저 빛깔이 저리 고울까

……

끊었다 이어 오는 가는 노래는

바람을 타고서 고이 들리네

'정말 산 너머에는 뭐가 있을까? 산 너머 인생길에 하나님은 계시기나 한 것일까? 저 산 너머 사시는 하나님은 어떤 분일까? 이 험한 세상 너머에는 어떤 세상이 기다리고 있을까? 또 현택이가 가 있는 그 세상은 어떤 세상일까? 일상을 넘어서는 그곳에는 어떤 인생이 있을까? 그리고 저 산 너머로 간 아들은 지금 어디서 무얼 하고 있을까? 나는 누군가? 누구기에 지금 여기 이렇게 있는 것일까? 뭐 하러 왔으며 지금 나는 뭘 해야 하는 사람인가?'

봄바람이 불어오는 언덕에서 자신에게 끝도 없이 물어봅니다.

예전엔 이런 물음들이 심각하지 않았습니다. 이런 데 관심이 별로 없었습니다. 그런데 아들의 죽음을 지켜본 이후에는 모든 게 달라졌습니다. 내가 가진 소중한 것을 가져가시고, 텅 빈 내 가슴에 뭔가를 담아 주셨는데 그게 뭔지 자세히는 모르겠습니다.

고향을 떠나 새로운 곳을 향해 가는 아브라함의 두려움과 기대감을 함께 지니고 살아갑니다. 앞으로 오는 시간들은 어떨까 궁금해하며 호기심 반 체념 반 그렇게 살아가고 있습니다.

눈 깜짝할 사이에 사라져 버린 그 소중한 보물을 안타까워하며 살기보다는, 그것을 가져가신 분의 뜻을 묻고 그것을 찾아 나서렵니다. 그리고 나 자신의 마지막을 심각하게 생각해 봅니다. 가장 소중한 것을 잃고 난 후, 겸손해질 수밖에 없었습니다. 그러나 어느 틈엔가 또 찾아온 부질없는 욕심과 끝없는 허영 앞에 나는 어쩔 수 없이 다시 절망합니다. 나를 가장 깊은 밑바닥, 끝 모를 욕망의 심연으로 이끌어 가신 하나님은 경쟁과 야망과 강렬한 욕망으로 숨이 막혀 버린 나를 흔들어 깨우십니다. 그 가련한 내 모습을 보여 주셨습니다. 또한 내가 그냥 있는 것 자체만으로 너무 충분한 믿음의 세계를 맛보게 하셨습니다. 스바냐 3장에서 말씀하셨듯, 내가 너를 사랑한다, 내가 너를 기뻐한다, 내가 너로 인하여 기쁨을 이기지 못하겠노라 하십니다.

이는 내 사랑하는 아들이요 내 기뻐하는 자라(마 3:17, 개역개정).

내가 존재하고 '있다'는 자체로 소유욕을 극복하게 하셨는데 나는 또 더 가지는 일에 마음을 빼앗기곤 합니다. 얼마나 큰 곤욕과 아픔

을 더 겪고 나서야 다시 '있음'으로 돌아가려는지 모르겠습니다. 산
너머 남촌에만 삶이 있는데 말입니다. 산 너머 남촌에는 사랑이 있고
그분이 계십니다. 그래서 봄바람이 남에서 남에서 불어와 내 가슴을
위로합니다.

산 너머 남촌에는 그분이 계십니다. 우리 아들도 거기 있을 것입니
다. 그래서 저 하늘 저 빛깔이 저리도 고운 것이지요. 그래서 내 인생
이 이렇게 그래도 희망을 품을 수 있는 게지요. 끊었다 이어 오는 가
느다란 노래, 성령의 바람을 타고서 희망의 복음이 들려옵니다.

자녀는 몇 두셨어요?

사람들을 만나 인사를 나누고 나면 자녀가 몇이냐고 물어올 때가
가장 곤혹스럽습니다. 셋? 아니, 셋이었는데 지금은 둘? 둘이라고 대
답하면 떠나간 현택이에게 미안하고, 셋이라고 대답하면 지금은 둘
인데 하나는 어디 있냐고 물어 올 테니 답이 점점 복잡해집니다. 셋
이었던 것은 분명합니다. 그리고 지금 둘인 것도 분명합니다. 어떤
것이 맞는지 나는 모릅니다. 대답을 할 수가 없습니다. 세상에 이렇

게 어려운 질문이 다 있습니까? 자녀가 몇이냐는 물음이 이리도 대답하기 어렵고 답답할 수가 없습니다.

가끔 아무것도 모르는 막내 준택이가 뜬금없이 묻습니다.

"현택이 형아 어디 있어?"

"형아는 헤븐에 있지. 그래서 볼 수가 없는 거야."

"아참, 현택이 형아는 헤븐에 갔지? 아빠! 난 헤븐이 싫어! 형아가 거기 가서 여기에는 없는 거잖아."

'형아의 부재=천국'으로 이해하는 준택이의 말에 나 역시 동의합니다.

"그래, 형아를 데려가 여기서 못 보게 하는 그런 천국은 아빠도 싫단다."

하늘나라가 어디 사랑하는 사람의 부재를 뜻하겠습니까! 그곳은 "다시는 죽음이 없고, 슬픔도 부르짖음도 고통도 없는 곳"(계 21:4, 표준새번역)이라는데 준택이한테 잘못 대답해 준 것 같습니다. 그리도 따르고 좋아하던 형아를 데려간 하나님과 천국이라면 좋아할 리 없을 터인데 말입니다. 나중에 크면 자세하게 이야기해 주어야 할 것 같습니다. 형아가 우리와 함께 있는 것보다 천국이 더 좋아서 하나님이 데려가신 것은 아니라고 말입니다. 준택이에겐 새 하늘과 새 땅을 볼 수 있는 눈이 아직 없으니 형아를 데려간 천국이 싫다고 말하는 것은 당연합니다.

 가족관계에도 변화가 왔습니다. 둘째였던 현지가 첫째가 되고, 셋째 준택이가 둘째가 되었습니다. 현지는 앰뷸런스가 지나가면 가슴이 철렁해서 재빨리 집에 와 식구들 안부를 확인한다고 합니다. 그 말을 들으며 참 안쓰럽고 미안했습니다. 이제 나부터 정신을 다잡고 일상으로 돌아가야 하는데, 모든 것이 제자리를 잡기까지 변해야 할 것들이 너무 많습니다.

 어느새 현택이의 무덤가는 잔디가 많이 자라서 아이가 누워 있는 곳이 어디인지 잘 모르겠습니다. 미루어 왔던 비석을 빨리 세워야 할 텐데……. 하지만 비석 세우는 곳에 가지지가 않습니다. 사람들이 비석 세워야 하지 않겠느냐고 물으면 그래야지요 하면서도 아직 세우지 못하고 있습니다. 뭐라고 써야 할지도 모르겠습니다. 아직도 나는 현택이가 간 것을 인정하고 싶지 않은 모양입니다.

 저는 현택이가 입던 옷을 입고 현택이가 쓰던 모자를 쓰고 다닙니다. 한국에 가 있는 동안 현택이가 쓰던 물건들을 교우들이 정리해 주셨습니다. 그러나 아직도 현택이가 입던 옷들이 많이 남아 있습니다. 현택이가 쓰던 일기장도 아직 남아 있고요. 아직도 현택이 체취가 남아 있는 물건들이 많은데 비석을 세우면 정말 보낸 것이 되고 말까 봐 두렵습니다. 아내는 한 번도 비석 얘기를 꺼내지 않습니다. 내 마음이 곧 아내 마음이라서 그런지 나도 굳이 묻지 않습니다.

왜 사람이 묻힌 무덤가를 성스럽게 생각하고 소중하게 간직하는지 알 것 같습니다. 지금 와 있는 수도원에도 먼저 간 이들의 무덤가에 태어난 연대와 돌아간 연대 그리고 서품 받은 연대가 기록되어 있습니다. 하나님의 형상대로 왔다가 가신 분들의 무덤입니다.

아들이 묻힌 묘지의 잔디를 깎고 보니 무덤 앞 저수지 물이 바람에 잔잔히 물결치고, 언덕에는 이름 모를 꽃들이 피어 있습니다. 모든 것이 평온합니다.

하나님이 어떻게 죽은 자들을 살리실 것인지 궁금합니다. 창조주 하나님이 새로운 몸을 주시는 것은 문제도 아닐 것입니다만 몸을 묻고 간 아들이 어떤 영체를 입을지도 많이 궁금합니다. 하나님의 나라에 어떻게 이 모든 사람들을 살게 하시려는지도 궁금합니다. 21세기를 살다 간 우리 현택이가 앞으로 전개될 새로운 세계를 어찌 이해할지도 궁금합니다. 나중에 어떤 모습으로 만나게 될지, 어떤 몸으로 주님 앞에 설 것인지도 궁금합니다. 아마도 이생의 삶과는 전혀 다른 모습, 다른 관계일 수도 있겠다 싶습니다.

영원을 품고 시간을 살겠습니다

현택이가 간 지도 1년이 지났습니다. 행여 아픈 마음 건드릴까 조심스럽고 안쓰럽고 걱정스러워 감히 말도 건네 오지 못하시던 교우들의 따뜻한 사랑의 눈길을 받으며 1년을 잘 견뎌 왔습니다. 마치 아무 일 없었던 듯 평온하게 지내온 것이 믿어지지 않습니다. 하나님의 은혜입니다. 시름시름 앓기만 하는 아내를 그저 안타깝게 바라보며 아무것도 해 줄 수 없는 무력감에 미안한 순간도 많았지만 그래도 1년을 잘 견디며 왔습니다.

1주기를 맞는 마음은, 그리 편치만은 않습니다. 아내가 두 주 동안 내리 감기몸살로 앓더니 제 차례가 된 듯 저도 며칠 동안 새벽예배도 못 나가도록 몸살을 앓았습니다. 말은 안 해도 우린 서로 잘 알지요. 마음이 아프니 몸인들 온전하겠습니까?

병원 일도 정리하지 못했습니다. 무덤에 비석도 세우지 못했습니다. 도와주신 분들에게 감사 편지도 보내지 못했습니다. 못한 것이 아니라 안 했습니다. 손이 가질 않았습니다. 그냥 하기 싫었습니다. 의식적으로 피하고 있는 저 자신이 보입니다.

그래도 새봄이 오면 아들이 왔다 간 추억이라도 되새길 비석만큼은 하려 마음먹었습니다. 몸을 입고 사는 인생이라 보이는 것에 연연할 수밖에 없지 않습니까? 초월할 힘을 얻으려고 기도는 하고 있지만, 믿음이 부족해서 잘 되지 않습니다. 울적하고 심란하고 야속하고 보고 싶고 아프고 아려 옵니다. 시공간에 매여 사는 3차원의 우리에게 죽음은 미완성이요, 비참한 것이요, 이해할 수 없는 비극일 수밖에 없습니다.

하지만 애벌레가 어찌 나비의 세계를 상상이나 할 수 있겠습니까? 영생은 지금 우리가 누리는 이 생명의 연장이 아닐 것입니다. 천국은 우주 어느 한편에 있는 공간도 아닐 것입니다. 육안으로는 볼 수 없는 하나님의 세계입니다.

나의 말을 지키는 사람은 영원히 죽음을 겪지 않을 것이다(요 8:51, 표준새번역).

"당신이 이미 죽은 우리 조상 아브라함보다 더 위대하다는 말이오? 또 예언자들도 다 죽었소."

그러자 예수께서는 "아브라함이 있기 전부터 내가 있었다"(요 8:58, 표준새번역)고 하셨습니다. 이 세상이 전부고, 3차원의 물질 세계가 전부고, 천국이 있다면 물질 세계의 연장이라고 이해했던 사람들에게는 도무지 알 수 없는 말씀이었습니다. 그래서 예수를 미쳤다 했지요. 3차원의 시각으로 보면 이해도 안 되고, 미친 소리임에 틀림없으니까요.

믿음의 세계는 이와 같습니다. 시간으로 영원을 바라보면 당연히 이해가 안 될밖에요. 영원에서 시간을 보며 사는 것을 믿음이라 합니다. 영생이라 합니다. 그래야 현실을 초월하고 하늘을 살 수 있습니다. 그래서 주님은 들을 귀와 영적인 눈이 있어야 한다 하셨습니다.

엔소니 드멜로 수사는 하나님의 시각으로 본 오늘의 우리를 이렇게 설명했습니다.

"우리는 퀼트의 뒷면을 보고 있을 뿐이므로, 실상을 다 알 수 없습니다. 하지만 혼란스럽게만 보이던 그 뒷편이 하나님 편에서 보면 아름다운 그림으로 보입니다. 그것처럼, 우리가 겪는 비극은 하나님의 편에서, 영원의 시각으로 보아야 합니다."

그래도 현택이가 먼저 가야만 했던 이유는 아직 설명이 안 됩니다. 어디로 가 있는지도 감이 잡히질 않습니다. 다만 죽어 땅에 묻혔고 그다음은 믿음의 눈으로 보면서 소망 중에 바라볼 뿐입니다. 바울이 믿었고, 희망했던 바로 그것을 저도 바라봅니다.

우리가 들어 있는 지상의 장막집이 무너지면 우리는 하늘에 있는 영원한 집에 들게 된다는 것을 알고 있습니다. 그것은 사람의 손으로 지은 것이 아니라 하느님께서 세워 주시는 집입니다. ……다만 하늘의 집을 덧입음으로써 죽음이 생명에게 삼켜져 없어지게 되기를 갈망하고 있습니다(고후 5:1, 4).

이해가 다 되지는 않지만 어렴풋이 뭔가 느껴지는 것은 있습니다. 그게 뭔지 말로 표현하기는 참 어렵습니다. 하지만, 그래도, 보고 싶은 것은 보고 싶은 것입니다. 약한 믿음을 가진 아비의 마음은 아프고 괴롭고 그저 많이 보고 싶습니다.

뒤뜰에는 작년처럼 하얀 눈이 쌓여 있습니다. 세월은 그렇게 가고 나도 언젠가는 갈 것입니다. 그래도 묵묵히 참고 견디며 가야 하는 길이라면 열심히 적극적으로 맞으며 가야겠지요. 어제는 지나간 역사, 내일은 아직 오직 않은 신비, 오늘은 하나님이 주신 선물입니다. 주시는 하루하루 감사히 받아 누리도록 열심히 살겠습니다.

주여! 눈을 뜨게 하소서. 그래서 하나님을 뵙게 하시고, 영원을 품고 시간을 살게 하옵소서. 영원의 눈으로 오늘을 초월할 믿음을 주옵소서. 주여! 어느 때보다도 지금 당신의 자비가 한없이 필요합니다. 불쌍히 여기소서.

종이학에 담긴 사랑

현택이 방에는 종이학 4백여 마리가 예쁜 병에 담겨 있었습니다. 아내 말로는 시애틀로 이사 한 메인 교회의 한 여자 아이를 생각하며 접은 종이학이라 했습니다. 천 마리를 만들면 보내 주려고 투병생활 중에 정성껏 접은 종이학. 천 마리를 다 접지 못하고 현택이는 가고 말았습니다.

장례식에 참석한 그 시애틀 친구의 가족들이 현택이 방에서 하루 묵고 가셨습니다. 그 애 엄마가 전하는 말에 의하면, 아이가 현택이 방에서 그 병을 보고는 미처 개수가 채워지지 못한 종이학을 꺼내 밤새도록 세고 또 세면서 하염없이 울더랍니다. 종이학을 접으면서 자신을 생각했을 그 마음을 느끼는 듯 많이, 아주 많이 울더랍니다.

안병학 권사님이 사고로 한 6개월 고생하셨습니다. 하루는 저를 만나 많이 감격해 하셨습니다. 어느 분이 회복을 위해 기도하며 접었다면서 종이학 천 마리를 주셨답니다. 얼마나 위로가 되고 감격스러워하시는지 그 모습을 보는 저도 감격스러웠습니다. 안 권사님은 그 기도 그 정성에 힘입어 다시 건강을 회복하셨습니다.

며칠 전 어느 분이 아이들과 함께 나오라고 하셨습니다. 피자를 같이 먹으며 이런저런 얘기를 나눴습니다. 아이들 키우며 어려웠던 시절 얘기도 오갔습니다. 그리고 헤어질 때, 부임 축하 선물이라면서 정성 들여 쓰신 카드와 종이학 천 마리를 넣은 예쁜 통을 건네주셨습니다. 그 순간 저희 부부는 감격하여 눈물이 핑 돌았습니다. 종이학에 대한 추억이 있는 저희로서는 더욱 특별한 순간이었습니다.

사람 사는 일이 별거랍니까? 사람에게 감동을 주는 일인걸요. 출세도 좋고 돈도 좋지만, 서로의 마음을 어루만져 줄 수 있는 세심한 배려와 사랑보다 더 소중한 것은 아무것도 없습니다. 상대방을 생각해 주고 또 기도하며 종이학을 접는 그 마음속에 천국이 있고 하나님이 계시리라 믿습니다.

신앙이 별거랍니까? 은혜를 은혜로 받을 수 있고, 또 은혜가 되어 사람을 감격시키는 일 아니겠습니까? 세계선교도 좋고, 복음을 위해서 목숨 바치는 것도 위대하지만, 지금 여기에서 작은 종이학을 접을 수 있는 그 마음 키워 가는 것이 소중합니다. 이 마음 없는 큰 선교는 자기 자랑 교회 자랑이 되기 쉽고, 그 마음 없이는 선교나 전도도 말뿐이 되기 쉽습니다. 그리고 그러한 마음 없는 가슴 아픈 선교 사례가 수도 없이 우리를 괴롭히고 안타깝게 합니다.

하나님께 기도합니다. 신자이기 이전에 곁에 있는 사람들에게 감동을 주는 사람이 될 수 있도록 가난하고 깨끗한 마음을 주십사 하고

요. 사람을 감동시키는 믿음생활 할 수 있는 힘을 달라고요.

여러분은 그리스도를 믿음으로써 힘을 얻습니까? 그리스도의 사랑에서 위안을 받습니까? 성령의 감화로 서로 사귀는 일이 있습니까? 서로 애정을 나누며 동정하고 있습니까?(빌 2:1)

"그 자리에 땅을 파고 묻혀 죽고 싶을 정도의 침통한 슬픔에 함몰되어 있더라도, 참으로 신비로운 것은 그처럼 침통한 슬픔이 지극히 사소한 기쁨에 의하여 위로된다는 사실이다. 큰 슬픔이 인내되고 극복되기 위해서는 반드시 동일한 크기의 커다란 기쁨이 필요한 것은 아니다. 작은 기쁨이 이룩해 내는 엄청난 역할이 놀랍다"(신영복,《감옥으로부터의 사색》).

아들을 앞세운
비통함을 딛고

사람이 무엇이기에 이토록 보살펴 주십니까?
죽음의 심연에서 기적 같은 은혜를 발견합니다

아들이 간 후에도 믿음은 여전히?

가끔 사람들이 묻습니다.

"목사님, 어떻게 지내세요?"

이 인사에는 여러 가지 물음이 담겨 있을 것입니다.

'까닭 없이 아들을 데려가신 하나님을 아직도 믿을 수 있는가? 어두움과 절망과 죽음의 그늘 아래 있었을 때 지켜 주신다 약속하셨던, 당신이 설교한 그 하나님은 도대체 어디에 계셨는가? 고통을 허용하는 하나님이 과연 선한 하나님이신가? 당신은 하나님에게 버림받은 사람 아닌가? 아들이 가고 난 후 어렵고도 깊고 어두운 터널을 지나왔고 지금도 지나고 있을 터인데 어떤 마음으로 사는가? 잠 못 이루는 밤, 피를 말리는 기다림, 사랑하는 사람의 고통을 무력하게 지켜봐야 하는 절망의 시간을 어떻게 견딜 수 있었는가? 큰일 겪었는데 세상이 어떻게 달라 보이고, 생각에 어떤 변화가 왔는가? 변화가 있었다면 무엇이 어떻게 변했는가? 죽음의 깊은 골짜기를 지나 결국 사랑하는 아들을 먼저 보내고도 당신의 믿음은 아직 유효한가?'

이런 물음들은 내 실존적인 물음인 동시에 목사이기에 교우들에게 대답해 주어야 할 신학적인 물음이기도 합니다. 목사로서 그분들께 답을 주어야 할 뿐 아니라 답을 얻어야 나 자신도 살아갈 수 있을 것 같습니다. 그런데 이상한 것은 이런 고통의 끝자락에서 역설적이게도 하나님과 사람들의 사랑을 어느 때보다 더 깊이 체험한다는 것입니다. 그런데 이것은 말로 표현할 수가 없습니다.

현택이가 간 후에 하나님께 대한 믿음이 오히려 깊어지는 이 현상을 어떻게 설명할 수 있을까요? 1986년부터 조직신학으로 학위를 받은 2002년까지의 신학적 탐구가 2004년 아들을 보내는 그 실존적 경험 하나로 모두 말장난이었음이 드러났고, 그런 신학적 탐문은 깊은 죽음의 골짜기에서 솔직히 별로 도움이 되지 못했습니다.

토마스 아퀴나스는 《신학대전》이라는 방대한 저서를 집필하다 결국 완성하지 못했다고 합니다. 그것은 그의 절대경험 때문입니다. 제자들이 '그래도 평생을 썼는데 완성해야 하지 않겠느냐'고 간곡하게 부탁했는데도 이런 말을 남기곤 끝내 더 쓰지 않았다 합니다.

"내가 무모했지. 그런 지푸라기 같은 하찮은 것을 쓰려고 그 많은 세월을 보내다니……."

아들을 보내 놓고도 여전히 믿음을 지킬 수 있는가? 솔직히 가질 수도 있고, 가질 수 없기도 합니다. 나는 이제 예전의 믿음을 가질 수 없습니다. 왜냐하면 내가 가졌던 신앙으로는 더 이상 살아갈 수 없기 때문입니다. 나는 이제 옛날과 같은 사람이 될 수도 없습니다. 한시도 현택이 생각을 하지 않을 수 없습니다. 아이와 연관하여 모든 것을 생각해야 하기 때문에 이전에 내 생각을 그대로 가지고는 살 수가 없습니다. 나는 이제 딴 사람이 되었습니다.

하지만 이 일로 인하여 하나님께 대한 새로운 믿음을 가지게 되었습니다. 왜냐하면 처음 발병했을 때처럼 더 이상 하나님을 원망하거나 반항하지 않게 되었기 때문입니다. 상처는 치유될 것이고, 나는 아들과의 추억을 기억하며 내 길을 갈 것입니다. 그러나 그 길은 예전과 다르고, 달라야만 합니다. 그렇다고 내 신학적인 물음이 그친 것은 아닙니다. 앞으로도 계속될 것입니다.

걱정과 근심 속에서 내 생각은 깊어졌고, 진한 슬픔 속에서 내 악한 마음은 정화가 된 기분입니다. 죽음에 대한 공포, 잔인하고 매정하게 다가온 죽음 앞에서 하나님께 대한 절대적인 믿음과 한없이 연약한 나 자신의 모습을 더 많이 보았습니다.

망연자실 혼자 우는 저를 찾아 눈물을 닦아 주고 함께 울어 주셨던 교우들의 사랑이 아들의 병을 고치지는 못했습니다. 하지만 먼저 간 현택이, 남아 있는 아내와 두 아이, 그리고 나를 치유해 주었습니다.

엄마의 태중에 있는 아이는 분명 편안하고 아늑할 것입니다. 모든 것이 다 갖추어져 있으니까요. 하지만 아이가 그 안에서 10개월 이상을 살려고 들면 문제가 생깁니다. 태중의 아이에게는 엄마의 몸을 벗어나는 것이 죽음처럼 느껴질 것입니다. 탯줄을 끊고 스스로 호흡하는 일이 아이에게는 분명 모험이겠지만 반드시 겪어야 할 진통입니다.

새 생명을 분만하는 엄마도 똑같습니다. 아이를 분만하여 탯줄을 끊어 내지 않으면 아이도 엄마도 죽고 맙니다. 고통은 삶에 있어서 필연적인 듯합니다. 아이와 엄마의 분리가 새로운 세상으로 가는 필연이며, 또 이것이 우리 모두가 가는 길입니다. 내게 허락된 그 신비 속에서 그분을 느끼며 호흡하며 최선을 다하려 합니다. 고통을 품은 채, 고통과 함께 갈 것입니다.

스물여섯부터 목회를 하면서 장례식에도 많이 참석했고, 집례도 많이 했습니다. 모든 사람이 나름대로의 고통을 겪는 것을 보았고 그분들의 고통에 나름대로 동참해 온 나였지만 정작 내 아들을 보내면서는 고통을 이해하는 차원이 달라졌습니다. 더 이상 손을 쓸 수 없이, 사랑하는 사람이 가는 것을 지켜봐야 하는 무력감이 뭔지도 알게 되었습니다. 그동안은 문제를 해결하는 법, 극복하고 이기는 법, 쟁취하는 법만 알았지 고통 자체와 대면하는 법을 몰랐습니다. 그런데 세상에는 이길 수 없고 그저 직면해야만 하는 일들도 있음을 비로소 알게 되었습니다.

아들을 보내 놓고 변했냐고요? 네, 변했습니다. 상대적으로만 보던 세상을 절대적인 시각에서도 바라보기 시작했습니다. 그러나 아무리 이런 깨달음이 좋을지라도 내 아들과 그 깨달음을 바꿀 수는 없습니다. 아들만 다시 돌아오게 할 수 있다면 얼마나 좋을까요?

다만 죽음의 심연에서 읽은 말씀과 찬송이 뼛속에까지 저며 온 것은 은혜였습니다.

> 당신의 작품, 손수 만드신 저 하늘과 달아 놓으신 달과 별들을 우러러 보면 사람이 무엇이기에 이토록 생각해 주시며 사람이 무엇이기에 이토록 보살펴 주십니까?(시 8:3-4)

밤하늘의 별들과 보름달을 바라보면 언제나 아들 생각이 납니다. 믿음은 깨진 꿈을 이어 주는 다리입니다. 그러나 그 다리는 믿음으로 걸어갈 때까지는 느낄 수 없나 봅니다. 창조하시고 부활시켜 주시는 주님의 존전에서 나는 그 다리를 믿음으로 걸어갈 것입니다.

하필 왜 나이어야 합니까

아픈 아들을 위해 기도할 때마다 계속 물었습니다.

'왜 내게 이런 일이 일어나야 합니까?'

온전하게 살진 못하였지만 그런대로 열심히 하나님의 뜻을 받들면서 살려는 내게 왜 이런 시련을 주시느냐 항변하기도 했습니다.

"하필 왜 나이어야 합니까?"

그때 조용히 들려온 음성은 이랬습니다.

"왜 너는 안 되느냐? 다른 아이들은 아파도 되고 네 아들은 안 되느냐?"

영화 〈어웨이크닝〉은 실화로, 주인공이 오랜 고통 속에서 좋은 약을 먹고 깨어났다가 다시 식물인간으로 돌아간다는 내용입니다. 그때 영화 주인공의 어머니는 이런 고백을 합니다.

"제가 아름답고 건강한 아이를 낳았을 때 저는, 제가 왜 그렇게 운이 좋아야 하느냐고 묻지 않았습니다. 그토록 예쁘고 완벽한 아기를 선사받을 만한 자격이 내게 있는지 묻지 않았죠! 그러나 그 아이에게 병이 생기자 하나님께 당연한 듯이 물었습니다. 왜 제게 이런 불행이 생기는지 대답해 달라고 말입니다."

1985년 철도고등학교를 졸업하기 전, 이리역으로 한 달간 실습을 나갔는데 폭발사고가 났습니다. 그날 저는 이란과의 축구 경기가 보고 싶어서 아프다는 핑계를 대고 결근했었는데 그것이 목숨을 구하는 계기가 되었습니다. 그 당시에 다니던 교회에 가서 하나님이 살려 주셨다고 간증했더니, 담당 교육 목사님이 이런 말씀을 해 주셨습니다.

"석환아, 하나님이 살려 주신 것은 참 감사한 일이지만, 네 간증을 들어 보니 그 현장에서 죽은 사람들은 하나님이 저주를 내리신 것 같은 느낌을 갖게 되더구나. 살아 있는 것을 하나님께 감사하는 것도 중요하지만 우리 크리스천은 죽은 사람들에 대한 배려와 미안한 마음도 가질 수 있어야 하지 않을까?"

병든 아이에 대한 불평과 하소연만 할 줄 알았지, 그보다 더한 고통 중에 있는 사람들에게는 눈길을 주지 못했습니다. 그리고 그동안 그 아들로 인하여 얻은 기쁨과 사랑과 축복을 헤아리지 못했습니다.

때론 크든 작든 다 버려야 하는 상황도 주십니다. 어느 때는 둘 중

아들을 앞세운 비통함을 딛고

하나를 선택해야 하는 상황도 주십니다. 그런데 버리고 나면 아무것도 없을까 봐 그 미지의 공허가 무서워 하찮은 오늘에 집착하는 나를 보았습니다. 내가 나만 쳐다보다가 내 수렁에 스스로 빠진 모습도 보였습니다. 내 마음을 넓혀 주시고, 내 뜻을 높게 하시어 내가 나로부터 용기 있게 떠나 하나님께로 돌아가길 간절히 바랍니다. 아들이 아프면서 보았습니다. 내 속엔 내가 너무도 많아 믿음이 자리할 공간이 없다는 것을요.

불행을 모르는 불행

세상에 걱정 없는 사람은 없습니다. 누구에게나 고난과 역경은 있습니다. 고통이 없을 것이라는 기대가 오히려 사람을 힘들게 하며 불행하게 만듭니다. 역경을 통해 사람은 지혜를 얻습니다. 십자가 없이는 부활의 기쁨을 알 수 없습니다. 죄 가운데 있는 사람이 고통을 모른다면, 병이 들었거나 착각 가운데 있는 것이 틀림없습니다.

죄는 고통을 동반합니다. 에덴을 떠난 인간은 이마에 땀을 흘려야 먹을 수 있고, 해산의 고통을 겪어야 새 생명을 얻을 수 있게 되었습니다. 그러므로 불행을 모르는 것, 그것이 진짜 불행입니다.

실상은 고통이 축복에 이르는 길이라는 것을 알면서도 막상 어려움에 직면하면 당황하게 되고 원망할 대상을 찾습니다. 이제는 고통을 의연히 바라보렵니다. 길고 긴 고통의 터널을 지나고 보니 그게 축복으로 가는 지름길이 될 수도 있음을 알겠습니다.

지나온 발자취를 돌이켜 보면 아찔하기만 합니다. 아직도 뼛속까지 스미는 아픔이 있지만 앞으로 어떤 일을 만나도 당황하지 않을 자신도 생겼습니다. 현택이를 보내는 그 고통이 씨앗이 되어 신앙고백도 할 수 있게 되었고, 그 고통의 끝자락에서 얻어 낸 답으로 설교하는 은총도 입었습니다.

내가 원치 않았던 그 고통은 훗날 내 영적 여정에 큰 힘이 될 것입니다. 고통을 바라보고 대하는 마음가짐에 따라 영적인 성장에 이를 수도 있고, 정신적인 황폐에 이를 수도 있을 것입니다. 바울은 고통을 믿음으로 승화시켜 이런 고백을 했습니다.

여러분이 아시는 바와 같이 전에 내가 병을 앓았던 것이 기회가 되어 여러분에게 복음을 전하게 되었습니다(갈 4:13).

믿음은 절대긍정

"사랑도 두려움도 없다면 무지함이요, 사랑 없이 두려움만 있다면 율법이요, 사랑도 두려움도 다 있다면 갈등이요, 두려움이 없는 사랑 그것만이 믿음"(벵겔)이라는데……. 내 고통이 사랑으로 역사하는 믿음으로 승화될 수 있으면 좋겠습니다.

나는 아들을 잃었지만 다른 사람은 다른 것을 잃거나 잃었을 것입니다. 그러니 자기연민에 빠져 무거운 짐을 지고 가지는 않겠습니다. 아픈 돌멩이를 진액으로 돌돌 말아 진주를 만드는 조개처럼 믿음으로 그것을 받아들여 인생의 보물로 만들어 갈 것입니다. 기왕에 당한 고통이니 영원한 말씀의 신비가 드러나는 도구가 되었으면 좋겠습니다. 이런 아픔을 두 번 다시 겪고 싶지 않지만, 그냥 흘려보낼 수는 없는 일입니다.

우리는 모든 피조물이 이제까지 함께 신음하며, 해산의 고통을 함께 겪고 있다는 것을 압니다. 그뿐만이 아니라, 첫 열매로서 성령을 받은 우리도 자녀로 삼아 주실 것을, 곧 우리 몸을 속량하여 주실 것을 고대하면서, 속으로 신음하고 있습니다. 우리는 이 소망으로 구원을 받았습니다. 눈에 보이는 소망은 소망이 아닙니다. 보이는 것을 누가 바라겠습니까? 그러나 우리가 보이지 않는 것을 바라면, 참으면서 기다려야 합니다(롬 8:22-25, 표준새번역).

🕊

그래, 맡기자!

아들의 8개월여에 걸친 암과의 투병생활 중에서 내가 착각하고 있었던 것은, 하나님을 언제나 내 문제의 해결자로만 보았다는 것입니다. 처음부터 마지막까지 '하나님은 반드시 내 아들의 병을 고쳐 주셔야만 할 분'으로 생각했습니다. 물론 아들이 완쾌되는 것만큼 간절히 바라는 것은 없었습니다. 발병과 치료, 호전과 재발, 입원과 퇴원을 반복하면서 내가 믿는 하나님은 이럴 때 어디 계신가 많이도 답답했습니다.

그러다가 병원 텔레비전에서 기아로 죽어 가는 북한 어린이들과 소말리아 혹은 이라크에서 포탄에 맞아 죽어 가는 어린이들을 보게 되었습니다. 그 아이들의 모습이 세계적으로 유명한 데나 파버 암센

터에서 최고 의료진의 치료를 받고 있는 내 아들과 대비되었습니다. 이 땅에 수많은 아이들이 전쟁과 기아로 죽어 가는 상황에서 그들의 아픔은 전혀 의식하지 못하고, 내 아이의 병과 내 아픔에만 매달려 있는 자신을 보았습니다.

복음서 대부분이 가난하고 병든 자들과 연대하며 사신 예수님과 그분의 고난에 집중되어 있습니다. 인생은 그 고비마다 애환이 서려 있습니다. 저마다 겪는 인생의 어려움이 참으로 많습니다.

보통사람들의 관심사는 어떻게 하면 이 질곡에서 벗어나 행복할 수 있을까입니다. 그렇다면 하나님이 나에게 원하시는 것은 과연 무엇일까 생각해 봅니다.

오해와 무지, 그리고 폭력이 난무하는 로마 식민지 백성으로 태어나 하나님의 사랑을 선포하고 실천하다가 십자가에 못박혀 죽으신 예수님. 그분의 고통과 내 고통은 어떤 연관이 있을까요?

예수님은 외로움과 가난, 그리고 폭력과 착취와 전쟁과 질병, 시기와 미움으로 찌든 인간들의 고통 속에 들어오시어 그 고통이 구원의 힘을 갖고, 생명을 주도록 바꿔 주셨습니다.

십자가에 달리신 주님의 고통과 외로움을 어찌 내 아픔과 비교할 수 있겠습니까? 그러나 고통 중에 주님과 교통할 수 있게 된다면 그 것은 나에게나 다른 이들에게 구원의 능력이 될 수 있을 것입니다.

예전엔 목회를 하면서 교인들의 문제를 해결해 주어야 한다는 의무감에 부담이 많이 됐습니다. 그러나 이젠 목회가 그저 주님처럼 사람들의 고통 속으로 들어가 함께하는 것이란 생각이 듭니다.

'그렇구나! 그냥 고통 중에 머물면서 하나님 사랑하는 법을 배워야 하는 것이로구나! 주님의 고통에 참여하는 것이 비단 내 아들의 고통에 참여하는 것뿐만 아니라 나하고 상관없는 사람들의 고통과도 연대해야 하는 것이로구나. 아니지. 나하고 상관이 없는 사람은 이 세상에 아무도 없어. 이 병실에 누워 있는 저 수많은 아이들이 다 내 아들이고 딸이지!'

옆에서 키모 치료를 받는 아이를 바라보니 눈물이 났습니다.

'저 아이도 주님의 아이이고, 천진스레 장난감을 갖고 노는 머리카락 하나 없는 저 소녀도 내 딸이구나.'

현택이에게 매여 다른 사람들 돌아볼 마음의 여유가 없었던 내가 밖을 보기 시작했습니다.

'그래 맡겨야지. 인도하시는 대로 따라야지. 뜻대로 순종하는 자들에게는 모든 일이 합력하여 선이 되게 해 주신다 했는데……. 아들에게 매달리면 매달릴수록 내 삶이 혼란스러워지고 인도하시는 것도 볼 수 없겠지. 그래 맡기자.'

그 순간부터 내려놓는 기도를 시작했습니다. 그동안은 고통을 피하고 잊으려고만 했습니다. 고통을 저주하며, 왜 이렇게 고통 속에 살아야 하느냐고 불평만 했습니다. 고통을 안으로 삭이며 속울음을 울며 지내 왔습니다.

예수님도 울었습니다. 성전의 환전상을 엎으시며 화도 내셨습니다. 그러나 종국에는 배반과 고통의 십자가를 기꺼이 지셨습니다.

내 슬픔 내 고통만 바라보는 동안에는 다른 사람은 물론이요 하나님도 보이지 않았습니다. 고통과 슬픔이 너무 커서 그분을 볼 수 없었던 것입니다. 또한 그분의 영광이 너무 커서 내 조그만 눈으로 볼 수도, 느낄 수도 없었던 것입니다.

그러고 보니 하나님은 고통에 대한 이유를 말로 설명치 않으시고 내 고통에 직접 참여하고 계셨습니다.

내게 고통을 허락하신 이유를 조용히 생각해 봅니다.

고통은 순결한 사랑을 빚어 내고

내 속엔 내가 너무도 많은데 고통은 그것을 정화시켜 줍니다. 그래서 극한 상황이 오히려 영혼의 아름다움을 발견하는 의외의 소득이 되기도 합니다. 처음 나쁜 소식을 접했을 때는 망연자실했지만, 폭풍이 지나가고 투병생활이 시작되었을 때 우리 부부는 서로 다짐하고 기도했습니다.

"주님! 이왕 저희들이 겪어 내야 할 고통이라면 피하지 않고 용감하게 감수할 수 있는 힘을 주소서!"

그 누가 사랑하는 사람의 고통을 바라겠으며, 사랑하는 사람이 기력을 다해 떠나가는 기막힌 현실을 원하겠습니까? 그러나 이왕 겪어야 한다면 아주 특별한 경험이도록 겸손히 맞아야겠다고 생각했던 것입니다.

주님의 허락 없이는 참새 한 마리도 떨어지지 않는다 했는데 천하보다 귀한 생명이 가는데 왜 뜻이 없겠습니까? 그것을 보게 해 달라고 기도했습니다. 지금도 그게 뭔지 온전하게 감지할 수 없지만 때가 되면 알려 주실 줄 믿습니다.

고통을 없애 달라고 기도하는 동시에 고통이 주는 열매에 감사할 수 있다는 것은 엄청난 역설입니다. 절망과 쓰라림이 변하여 영혼을 아름답게 빚어 가는 재료가 된다는 것도 역설 중의 역설입니다.

주변 사람들이 함께 아파해 준다고 해서 아들이 암에서 놓여나는 것은 아닙니다. 죽은 아들이 다시 살아나는 것도 아닙니다. 하지만 이 기막힌 경험을 통해 우리는 모두 사랑으로 연대해야 비로소 사람

구실을 할 수 있고, 근본적인 죄가 씻겨 나가는 것을 알았습니다. 고난 자체를 좋아할 사람은 아무도 없을 것입니다. 다만 고난을 통해서 삶을 배우고, 고난 속에 있는 사람들과 연대할 줄 알게 되면 큰 소득일 것입니다.

질병과 죽음에 맞섰던 8개월의 기나긴 싸움에서 얻은 이 선물은, 선뜻 받기엔 너무도 힘든 선물이었습니다.

고통을 수반하는 사랑

취업 이민으로 미국에 막 오신 신혼부부가 있었습니다. 그런데 영주권도 없고, 영어도 못하는 상황에서 임신을 했습니다. 게다가 산모에게 문제가 생겨 조기분만을 해야 하는 막막한 상황에 맞닥뜨리고 말았습니다. 아는 사람이 없어 나를 찾아왔는데 잔뜩 겁에 질려 있었습니다.

회사를 통해서 영주권 신청을 시작한 상태였지만 의료보험도 없었습니다. 그래서 메인의 메디컬센터 사회복지사를 찾아가 가까스로 무료진료를 받을 수 있게 해 주었습니다. 그때부터 이틀을 꼬박 병원에서 함께 지내야 했습니다. 상황이 급박해질수록 그 부부는 나에게만 매달렸습니다. 드디어 모든 절차를 다 밟고 산모가 분만실로 들어갔습니다. 그런데 남편이 사색이 되어 나도 분만실에 들어가야 한다는 것이었습니다. 산모도 얼마나 두려웠던지 제가 같이 안 들어가면 자기도 분만실에 안 들어가겠다고 우겼습니다.

아내가 두 남매 분만할 때도 못 들어간 분만실에 내가 같이 들어가야 한다니 참으로 난감했습니다. 그러나 어쩌겠습니까? 따라 들어갈 수밖에요. 목사가 분만실까지 심방 간 것은 처음이자 마지막일 것입니다. 산모 손을 잡고 내가 얼마나 힘을 주었던지, 분만실을 나오니 다리가 후들거려 바닥에 주저앉고 말았습니다.

건강하고 예쁜 딸을 낳은 그 부부가 나중에 엽서를 보내왔습니다.

"저희들이 처음 교회 나와서 하나님은 잘 모르지만, 그 어려웠던 순간에 목사님은 저희에게 하나님이셨습니다."

이틀을 꼬박 같이 밤을 새우며 그들의 고통에 동참한 것은 내가 아닌 하나님이셨던 것입니다.

사랑은 고통을 수반합니다. 때로 병원에서 생사를 넘나드는 환자 가족들과 밤을 같이 새우지만, 어쩔 수 없이 보내야 할 때는 기도가 부족한 목사라는 자책감에 시달리곤 했습니다. 하지만 환자 가족들은 그 고통의 순간을 함께했다는 것만으로도 하나님의 임재를 경험하는 것을 봅니다. 고통스럽고 어려운 순간을 함께하며 함께 고통을 나누는 것은 백 마디 말보다 더 힘이 있습니다. 고통을 함께할 때보다 사람을 더 가깝게 하는 일도 없습니다. 남을 위해 고통을 당하는 순간만큼 거룩한 시간도 없습니다.

나와 교우들이 극적으로 가까워진 것 또한 아들을 보내는 아픔을 함께 나누면서부터입니다. 아들 현택이가 우리에게 주고 간 아주 소중하고 값진 선물입니다.

두려움이 변하여 기도가 되었습니다

드디어 준택이도 보조바퀴 없이 자전거를 타게 되었습니다.

점심때 집에 들어갔더니, 준택이가 함께 나가자고 보채서 무더운 날씨지만 밖으로 나갔습니다. 학교 트랙에서 자전거를 타다가 보조바퀴를 떼었습니다. 준택이는 겁이 나는지 싫다고 했지만 살살 타일렀습니다.

"아빠가 잡아 줄 테니 걱정 말고 가. 설사 넘어지더라도 아빠가 이렇게 잡고 있으니 다칠 염려가 없어. 우리 한번 해 보자."

잘 타다가도 넘어질 것을 염려하는 순간, 여지없이 넘어지고 맙니다. 자신이 넘어질 것이라는 가정하에 두려움 속에서 자전거를 타는 준택이는 잘 탈 수 있는데도 꼭 넘어졌습니다. 그래서 잠시 쉬자며 잔디에 앉아 설명을 해 주었습니다.

"준택아, 두려워 마. 아빠가 있잖아. 넘어질 것 같으면 잡아 줄게! 아빠 힘센 거 너 알지?"

그래도 안 타겠다고 버티는 준택이를 설득해 자전거에 태우고 다시 30분 실랑이를 했습니다. 그러는 순간 잠시 잠깐 두려움을 잊었나 봅니다. 녀석이 혼자서 200미터 정도를 달렸습니다. 준택이를 소리쳐 불렀습니다. 녀석이 뒤를 돌아보며 소리쳤습니다.

"아빠, 내가 혼자 이렇게 많이 왔어?"

스스로 대견한 듯 지나온 길을 바라보았습니다. 감격스런 미소가 장난기 그득한 얼굴에 서서히 퍼졌습니다. 그 순간 나는 나 자신과 하나님을 생각했습니다. 그동안 살아온 세월들이 주마등처럼 스쳐 갔습니다.

'아 그렇구나! 그런 것이었구나! 두렵고 자신 없어 하던 준택이처럼, 처음 겪는 그 아픔에 사로잡혀 기도 펴지 못하고 살얼음 걷듯 그 어려운 길을 나도 걸어왔구나!'

상처 하나 없이 거뜬히 자전거를 타기 시작하며 홀로서기를 하는

아들을 앞세운 비통함을 딛고

준택이는 바로 나였습니다.

　무덥기는 했지만 하늘은 유난히 맑고 녹음은 짙어만 갔습니다. 여름이 깊어 가니 머지않아 열매 맺는 가을이 올 것입니다. 이 지점까지 오는 데 참 많이 힘들었습니다. 하지만 순간순간 하나님이 도우셨기에 가능했음을 압니다. 두렵고 떨리던 순간은 가고, 죽기보다 힘든 고통의 세월도 갔습니다. 그리고 나는 이제 여기 이렇게 서서 뒤를 돌아보고 있습니다. 두려움이 변하여 기도가 되었고, 그 한숨이 변하여 찬송이 되었습니다.

힘들어하는 권사님께!

축 처진 어깨, 당황스런 얼굴, 지쳐 있는 모습 때문에 제 마음도 시려 옵니다. 저도 깊은 골짜기를 지나와 봐서 압니다. 이럴 때는 정말 많이 외롭습니다. 길은 보이지 않고 그저 황당하기만 합니다. 주님이 당신의 지친 마음을 사랑으로 치유해 주시고 , 고단하기만 한 삶이 활짝 피어나도록 생명수로 당신을 소생시켜 주시길 기도합니다. 새 마음으로 다시 일어나 주님 가신 길 의연하게 걸어가며 기쁨을 회복하실 수 있기를 바랍니다.

하나님은 1년 내내 푸른 하늘만 약속하지도, 폭풍우 없는 바다나 슬픔 없는 기쁨만의 나날, 고통 없는 평화를 약속하지도 않으셨습니다. 그러나 하나님께서는 어떠한 역경에도, 죽음의 깊은 골짜기를 지날 때에도 해를 받지 않고 오히려 값진 진주를 만들게 하십니다.

당신에겐 생각할 수 있는 힘과 느낄 수 있는 감정이 있고, 당신을 위해 기도하는 친구가 있습니다. 갑자기 일이 생겨 막막하고 길이 보이지 않을 때는 그저 무릎을 꿇는 것이 최선입니다. 사방이 막혀 있다 해도 하늘로 가는 길은 언제나 열려 있습니다. 평상시에는 잊고 살지만요.

사람들은 많이 배우면 지혜로울 거라고 생각하나 때로는 배우면 배울수록 복잡해져 오히려 넉넉하게 사는 법을 잘 잊어버립니다. 많이 벌면 풍요롭게 살수 있을 거라고 생각하나 대부분의 부자는 돈 지키느라 더 정신이 없습니다. 돈 많고 건강하고 시간 많은 사람이 건강하고 진실하게 살기 어려운 법이고, 원하는 것을 다 얻으면 이상하게도 생각과 생활이 타락하기 일쑤입니다. 더 높아지면 많은 사람을 거느릴 수 있을지 모르나 마음으로 포용하고 싶은 사람은 점점 만나기 어려워지고, 마음을 풀 수 있는 기회는 점점 좁아지는 것은 참으로 이상한 일이지요?

힘들고 어려울 때야말로 신앙을 회복하고, 기도의 능력을 받을 절호의 기회입니다. 힘든 일을 맞아 우왕좌왕하지 말고, 아무것도 하지 말고, 아무 생각도 하지 말고 그저 주님을 향해 고개를 드십시오. 주님 앞에 그냥 가만히 앉아 계셔 보세요. 하늘이 보이고, 주님의 위로가 찾아올 것입니다.

그다음에는 당황하고 있는 자신을 어루만져 주십시오. 당신은 지금까지 잘 견뎌 오셨고, 잘 참아 오셨고, 그리고 열심히 살아 오셨습니다. 얼마나 대견합니까? 이렇게 애쓴 당신 자신을 포근히 감싸 주시고 어루만져 주십시오. 내가 가만히 당황하고 있는 나를 바라볼 힘이 있다면 그곳에 하나님도 계신 것을 발견할 것입니다.

사람이 죽고 사는 문제도 있는데 그 일 때문에 노심초사하며 지금 주신 축복의 시간들을 걱정으로 채우지는 마십시오. 지금이야말로 살아 계신 하나님을 향해 믿음으로 나아가야 할 때입니다. 내 힘이 아니라 그분의 힘을 경험하십시오. 염려는 접고 따뜻한 주님 품에 안겨 보십시오. 영원하신 팔에 안겨 새 하늘과 새 땅을 보십시오.

"아무 걱정도 하지 마십시오. 언제나 감사하는 마음으로 기도하고 간구하며 여러분의 소원을 하느님께 아뢰십시오. 그러면 사람으로서는 감히 생각할 수도 없는 하느님의 평화가 그리스도 예수를 믿는 여러분의 마음과 생각을 지켜 주실 것입니다. ……나는 어떤 처지에서도 자족하는 법을 배웠습니다. 비천하게 살 줄도 알며 풍족하게 살 줄도 압니다. 배부르거나 배고프거나 넉넉하거나 궁핍하거나 그 어떤 경우에도 적응할 수 있는 비결을 알고 있습니다. 나에게 능력을 주시는 분을 힘입어 나는 무슨 일이든지 할 수 있습니다"(빌 4:6-13).

하나님의 시간

"우리 결혼해서 미국 가자!"

영문 모를 프러포즈에 아내는 이렇게 대답했습니다.

"어차피 인생 공수래 공수거인데 한번 노력해 보지요."

선문답하듯 그렇게 부부의 연을 맺었습니다.

1987년 4월 11일 오전 5시에 충남대학병원 분만실에서 첫아들 현택이를 만났습니다. 그렇게 두 식구가 셋으로 늘었습니다. 그리고 2004년 2월 27일 오전 3시에 그 아들이 갔습니다. 있다가 없습니다. 16년여의 시간은 모든 것을 상대화하는 절대적인 시간이었습니다.

살면서 이런 중요한 순간들을 여러 번 맞이합니다. 그리고 이런 시간, 이런 사건들은 큰 변화를 가져오고 두고두고 삶에 영향을 끼칩니다. 한 남자와 한 여자가 만나 가정을 이루고, 새로운 생명을 맞고, 부모를 보내고 형제와 작별합니다. 존재가 흔들리는 사건과 시간들, 돌이킬 수 없는 삶에 전격적인 전환들입니다.

한국신학대학교 김정준 박사님은 목사요 구약의 권위자였습니다. 목사가 된 지 3년째 되던 해 중증 선고를 받고 마산 결핵요양소에 입소했습니다. 환자들을 6급으로 구분했는데, 가장 심한 6급이어서 3개월밖에 못 산다고 했습니다.

장결핵을 앓았던 터라 먹는 대로 쏟아 냈습니다. 결핵은 영양보충이 생명인데 말이지요. 3개월의 시한부 인생이 할 수 있는 일은 누워 죽는 날을 기다리는 것 외에 아무것도 없었습니다. 이런 상황이 되자 그는 의사가 예고한 3개월은 세상의 시간일 뿐이라고 마음을 다잡았습니다. 그리고 언제 죽든 하나님의 시간, 절대적인 시간을 살아야겠다고 다짐했습니다.

할 수 있는 일이라곤 죽어 가는 사람들을 위해 변기통을 집어 주거나, 음식을 먹여 주거나, 물수건을 건네는 일밖에 없었습니다. 그러나 그런 일이나마 열심히 하며 조금이라도 환자들을 도우려고 노력했습니다. 의사들은 하루라도 더 살려면 힘을 아껴야 한다고 했지만 그는 하나님의 시간을 살아 내고 있었기에 그럴 수 없었습니다. 이래 죽으나 저래 죽으나 마찬가지라 생각했습니다. 이왕 죽는 것 목사로서 죽자고 다짐하며 사람들에게 하루 세 번씩 성경도 읽어 주고 풀어 설명도 해 주었습니다.

물론 무척 힘이 들었습니다. 입소한 환자들의 장례식을 20여 차례나 집전했습니다. 가장 가까이서 죽음을 목격하고 자기의 죽음도 실감하며 살아가는 사이 어느덧 의사가 말한 3개월이 훌쩍 넘었습니다. 인간의 시한이 아니라 하나님의 시한을 살아 낸 목사님은 기적적으로 회복되었습니다. 죽을 날만 기다리며 한숨으로 사는 시한부 시간이 아니라, 하나님의 절대적인 사랑으로 살아가는 카이로스의 시간을 살아 낸 것입니다.

변화를 기대합니다. 비록 그 변화가 불편하고 아프고 고통스럽다 해도 믿음으로 일상을 선물로 받을 때 그 시간과 그 장소는 절대가 됩니다. 크로노스에서 카이로스로 전환하는 구원의 시간이 되는 것입니다.

시한부 인생

장례식에 다녀왔습니다. 15년 전 인연을 맺은 교인의 장례식이었습니다. 그때 그분들을 다 만났습니다. 10년 만의 만남이었지요. 반갑기도 하고, 왠지 모를 야릇한 기분이 들었습니다. 가신 분의 이야기를 나누다가 자연스럽게 아들 현택이 얘기가 나왔습니다. 그분들이 기억하는 아들은 세 살 때부터 아홉 살 때까지의 모습이었습니다.

돌아오는 차 안에서 많은 생각을 했습니다. 10년이면 강산도 변한다는 말대로, 정도 차이는 있을망정 다들 많이 변했습니다. 당연히 나도 변했습니다. 앞으로 다가올 시간 속에서도 나는 물론 다른 사람들 모두가 변할 것입니다. 무슨 일들이 기다리고 있을지 모릅니다. 다만 선하신 주님이 내가 가는 길을 가장 충만하고 깊은 인생길로 인도하시리라 믿고 살아갈 뿐입니다.

흔들리며 피는 꽃

흔들리지 않고 피는 꽃이 어디 있으랴
그 어떤 아름다운 꽃들도 다 흔들리며 피었나니

현택이 장례를 치르고 잠시 휴가를 받아 한국에 갔을 때, 광화문 교보빌딩 대형 현판에 걸려 있는 문구가 내 마음을 흔들며 말을 걸어왔습니다. 짧은 글이 하도 신선해서 수첩에 옮겨 적어 놓고 두고두고 생각해 보았습니다.

그칠 줄 모르고 솟아오르는 끝없는 욕망, 겉으론 점잖은 척하지만 부부싸움하며 아이들과 다투는 어이없는 유치함, 나하고 전혀 상관없으면서도 이상스레 올라오는 치사한 질투심, 사람 모이는 곳에만 가면 나도 모르게 고개를 쳐드는 인정받고 싶은 욕구, 평소엔 순한 양 같다가도 방심한 틈을 타서 올라오는 잔인한 공격성, 한강에서 뺨 맞고 집에 와서 강아지 발길로 차 버리는 펄펄 끓는 피해의식, 자라 보고 놀란 가슴 솥뚜껑 보고 놀란다는 괜한 히스테리, 봐 주는 사람 없고 박수쳐 주는 사람 하나 없는데 까닭 없이 터져 나오는 과시욕……. 모두 내 안에 나도 모르게 시도 때도 없이 솟아오르는 병적인 모습들입니다.

직장 다니는 30, 40대 남자들에게 평생 자신에 대해 생각해 본 시간이 얼마나 되는지 설문 조사를 해 보았답니다. 결과는, 처세술이나 대인관계 기술에 대해서는 책도 읽고 공부도 하지만 정작 자신에 대한 근본적인 생각을 해 본 적은 고작 서너 시간뿐이라고 합니다.

신앙생활이 축복인 것은 어느 날 갑자기 찾아온 죽음도 의연하게 맞을 수 있는 여유와 믿음을 준다는 데 있습니다. 살아오면서 이런저런 쓰라린 경험으로 인해 저절로 깨닫는 삶의 지혜들도 많지만, 작정을 하고 자신 안으로 깊이 들어가는 경험은 하기도 어렵고 실천하기도 힘이 듭니다. 그런데 말씀 앞에 서면, 늘 나에게 취해 사는 내 모습이 얼마나 못났는지 바로 보고 이제 그만 돌아서라는 음성을 듣습니다.

목사가 되어 가장 큰 도움을 받은 사람은 바로 나 자신입니다. 목회를 하면서 하나님 앞에 선 존재, 그리고 끊임없는 인간관계 속에서 자의든 타의든 성찰을 하지 않을 수 없는 상황들이 결국 나를 구해 줍니다. 목회를 통해서 내 원형, 내 본래 모습을 찾으려고 긴 여행을 할 수밖에 없었고, 많은 사람들을 도우면서 필연적으로 '나는 누구인가?'라고 수도 없이 물어야 했습니다. 이것이 나로서는 고통스러웠지만 결국 아주 축복된 길이었습니다.

한동안은 깨달음 얻은 인간인 척 너스레도 떨어 보고, 내 어두움과 대면하면서 자학적인 설교도 했습니다. 목사가 되고 20년 가까이 목회하면서 내가 특별한 인간으로 변한 것은 아닙니다. 다만 원래 내 모습으로 돌아가는 특별한 은혜와 노력을 얻을 수 있었습니다.

세례를 받고 성령이 비둘기처럼 당신에게 내려오는 것을 체험하셨던 예수께서, 다시 성령에 이끌려 광야로 가 악마에게 시험을 받았다는 말씀을 이해하기 힘들었습니다. 40일을 금식하며 무슨 기도 무슨 생각을 하셨을까도 궁금했습니다. 그런데 이제 조금은 짐작할 수 있을 것 같습니다.

돌을 떡으로 만들어 먹으려는 무모하고 끝없는 욕망, 성전 꼭대기에서 뛰어내리면서 슈퍼맨이 되어 만인의 갈채를 받으려는 인정 욕구, 천하 만민이 발아래 절을 하며 숭배하는 네로 황제나 진시황같이 남을 지배하고 싶은 욕구. 그러나 하나님의 아들 예수님은 아담이 넘어졌던 '하나님과 같이 되려는 욕망'을 과감하게 벗어던졌습니다. 사심을 버리고 하늘의 뜻을 받으셨습니다. 그리고 중심점을 자기에게서 하나님께로 옮겼습니다. 사심이 떠나고 진심이 자리하는 인간됨의 극치를 회복하는 둘째 아담 예수의 장엄한 모습입니다.

자기초월은 자기를 있는 그대로 바라보는 양심 성찰에서 시작하여, 하나님의 사랑에 자신을 맡기는 믿음으로 완성되는가 봅니다. 자신을 버린 사람은 천사가 시중을 들었습니다. 자기를 초월한 사람은 자유와 기쁨과 사랑이 선물로 들어옵니다. 나를 넘어서는 것이 왜 그리도 어렵습니까? 내려놓는다 말은 쉽지만 놓는다는 게 왜 그렇게 힘든지 모르겠습니다.

흔들리며 꽃은 피고, 사람은 고난 중에 제자리로 돌아와 자기 초월의 꽃을 피우는가 봅니다.

죽은 것처럼 살아 있군!

병원에 있을 때 의사는 항상 소변 대변 누는 것을 물었습니다. 의사한테 그것이 그렇게 중요한 줄 처음 알았다고 하니까 담당의사는 쌌냐, 얼마나 쌌냐, 묽으냐, 되냐, 이것이 자기가 하루 종일 하는 일이라며 호탕하게 웃었습니다. 수술 뒤의 방귀가 얼마나 기다려지고, 또 얼마나 중요한지 모릅니다. 이처럼 추하고 감추고 싶은 일들이 우리의 삶을 이루는 중요한 것들임을 건강을 잃은 뒤에야 알아차립니다.

알베르 카뮈는 그의 소설 〈이방인〉에서 사형을 며칠 남겨 놓지 않은 한 남자를 그렸습니다. 독방에 홀로 앉아 있던 그 남자는 천장의 채광창을 통해 손바닥만 한 푸른 하늘을 바라보다가 갑자기 삶의 신비, 살아 있음의 신비를 체험합니다. 비록 시한부 사형수지만 남은 날들은 깨어서 매순간을 충분히 느끼리라 다짐합니다. 그리고 정말로 꿈같은 며칠을 보냅니다.

마지막 날, 사형집행 불과 세 시간을 남기고 신부가 고해성사를 받기 위해 들어와 마지막 의식을 치르러 했습니다. 그렇지만 사형수는 거부합니다. 신부가 자기 독방에서 나가자 사형수는 혼잣말로 이렇게 중얼거립니다.

"그 신부는 죽은 것처럼 살아 있구먼!"

사형수는 자신을 위해 와 준 신부가 되려 곧 사형당할 자기보다 살아 있지 않다는 것을 알아차린 것입니다.

못 보고 못 듣고 말도 못 하던 헬렌 켈러 여사는 이런 글을 남겼습니다.

"세상에서 가장 아름답고 소중한 것은 보이거나 만져지지 않습니다. 단지 가슴으로만 느낄 수 있습니다."

하루하루가 긴장의 연속입니다. 하루에도 몇 번이고 속이 상해 밥맛도 없어지고, 괜히 길거리 깡통이라도 걷어차고 싶은 심정이 일곤 합니다. 입에서는 거친 말이 튀어나오고 신경질도 나고 외로워 미치겠습니다. 하여튼 부정적인 감정이 올라올 때가 한두 번이 아닙니다. 그것을 부정해선 안 되는 것은 그게 사람 사는 일이기 때문입니다. 하지만 성난 코브라가 자신의 몸을 물어뜯으며 죽어 가듯 미칠 것 같은 상황에서도, 숨 한번 크게 들이켜고 죽음을 뚫고 생명으로 들어오시는 카이로스의 주님을 기다립니다.

뜰 앞에 나섰더니

가끔 뒤뜰을 거닙니다. 여름 밤에 부는 바람은 서늘하기도 하고, 나뭇잎 부딪히는 소리는 정겹게만 들려 옵니다. 잎이 다 떨어진 늦가을에 걸려 있는 달빛은 고요합니다. 앙상한 가지들을 보고 있노라면

아들을 앞세운 비통함을 딛고

참 대견해 보입니다. 싸늘한 가을바람이라도 불라치면 온몸을 깨우는 그 찬 기운이 참 좋습니다.

가지에 걸려 있는 달을 보며 아들을 생각합니다. 아마도 뒤뜰을 찾아 아들을 추억하는 습관이 몸에 배어 버렸나 봅니다.

호스피스 운동의 선구자인 엘리자베스 퀴블러 박사는 죽음 직전의 사람들 수백 명을 인터뷰했습니다. 죽음을 목전에 둔 사람들이 남긴 유언의 공통점은 하나같았습니다.

"살아 있음을 가장 큰 축복으로 여겨라. 하루하루를 꽃밭으로 장식하라. 매일매일을 충만한 기쁨으로 엮어 가라."

죽음을 앞둔 사람들이 가장 후회하는 것 또한 같습니다.

"삶을 그렇게 심각하게 살지 말았어야 했다."

인생의 마지막 순간에 간절히 원하게 되는 그것을 더 늦기 전에 지금 하라고들 말하는 것입니다.

"마지막으로 바다를 본 것이 언제였는가? 아침의 냄새를 맡아 본 것은 언제였는가? 아기의 머리를 만져 본 것은 또 언제였던가? 정말로 음식을 맛보고 즐긴 것은? 맨발로 풀밭을 걸어 본 적은? 파란 하늘을 본 것은 또 언제였던가?"

이런 것들은 다 죽음을 앞에 둔 사람들이 한 번만 더 보고 싶다고 하는 것들이랍니다.

퀴블러 박사 자신은 78세로 죽음을 맞이하면서 이렇게 유언했습니다.

"나는 은하수로 춤추러 갈 거예요. 그 곳에서 노래하며 춤추며 놀 거예요."

2004년 8월, 78세로 별세한 퀴블러 박사의 장례식에서 두 자녀가 어머니의 관 앞에서 작은 상자를 열었습니다. 상자 안에서는 한 마리의 호랑나비가 날아올랐습니다. 동시에 조문객들이 미리 받은 종이봉투에서도 수많은 나비들이 일제히 날개를 펄럭이며 파란 하늘로 날아올랐습니다.

더 이상의 방황도 더 이상의 고통도 더 이상의 눈물도 없게 되는 그 순간, 갖은 속박에서 훌훌 털고 일어선 우리는 꿈에 그리던 대자유를 얻어 영원한 아버지의 나라로 훨훨 날아가게 될 것입니다.

죽음도 선물이다

내가 처음으로 경험한 죽음은 외할머니의 죽음입니다. 중학교 1학년 때 노환으로 돌아가신 할머니께서 숨 거두신 모습을 본 것이 처음

아들을 앞세운 비통함을 딛고

이었습니다. 그다음은 대학교 2학년 때 간경화로 돌아가신 아버지의 죽음입니다.

아버지는 간경화가 많이 진행되자 순복음 기도원에 금식기도하러 들어가셨습니다. 지금도 사람이 절박하면 기도해서 병이 나았다는 간증에 쉽게 감동받고 거기에 매달리게 마련입니다. 어떤 사람에게는 기도의 능력으로 기적적인 회복이 나타나기도 하지만 많은 경우에는 간절한 기도에도 불구하고 세상을 떠나야 합니다. 아버지도 죽음 앞에서 살고 싶은 간절한 바람으로 기도하셨을 것입니다.

순복음 오산리 기도원에서 15일을 금식하고 오신 아버지께서는 다 나았다고 기뻐하셨습니다. 지난 15일 동안 잡수지도 않고 조용히 기도하며 말씀 읽고 좋은 물로 지내신 것이 간경화에 좋았던지 정말 건강해 보이셨습니다. 그렇지만 일상으로 돌아오신 후 얼마 안 있어 배에 다시 복수가 차오르기 시작했습니다. 그러자 아버지는 "내 기도가 부족한가 보다" 하시면서 가족들의 간곡한 만류에도 불구하고 다시 기도원에 가서 금식기도를 시작하셨습니다.

그러기를 일주일, 기도원에서 직장으로 전화가 왔습니다. 급히 달려가 보니 아버지는 기도원 바닥에 누워 계셨습니다. 모두 다 울부짖으며 찬송하고 기도하는데 아버지는 잔뜩 부어오른 얼굴로 누워만 계셨습니다. 택시를 대절해서 집까지 모시고 왔지만, 사흘을 혼수상태로 계시다가 세상을 뜨셨습니다.

못 배우고 가진 것 없지만 아버지의 믿음은 순수하셨습니다. 집안에서 처음으로 예수를 믿어 집안의 반을 전도하셨고 어려운 이웃을 돌보셨으며 우리 동네에 처음으로 교회를 세우신 열정 넘치는 감리교 장로셨습니다.

혹자는 아버지의 믿음이 부족하여 하나님이 기도를 들어주시지 않았다고 말할지도 모릅니다. 하지만 나는 당시 어렸어도 하나님이 그렇게 속 좁은 분이 아니라 믿었습니다. 아버지의 믿음이 순수했음을 알지만 나는 좀더 성서적인 믿음을 배워야겠다고 다짐했습니다. 교회에서 나고 자라 목사가 된 지금, 동방교회·서방교회 그리고 여러 수도생활을 경험하며 개신교회를 넘어선 믿음의 다양성과 깊이를 배우고 있습니다.

죽음은 새로운 삶을 향한 관문이요 시작입니다. 죽음과 친해지는 것은 평생에 걸친 영적 과제입니다. 현택이의 죽음은 내게 인간 모두가 겪어야 할 것을 미리 경험하게 했습니다. 그 일을 통해 죽음으로 부름 받을 때 나 또한 어떻게 응답해야 할지 배웠습니다.

우리는 연약한 존재로 태어나 연약한 존재로 죽어 가지만 그 죽음은 새 하늘과 새 땅을 향한 또 다른 시작입니다. 내 아버지는 기도원에서 열심히 기도하셨지만 돌아가셨고, 현택이 역시 피를 토하는 간절한 기도에도 불구하고 떠나갔습니다. 그러할지라도 나는 하나님의 사랑을 믿습니다.

전립선암으로 세상을 떠난 조셉 버나딘 추기경은 마지막 순간에 이런 묵상을 남겼습니다.

이 글을 쓰는 지금 나는 기력이 거의 다했음을 느끼지만 기분은 좋습니다. 암으로 야기된 피로가 감당하기 힘들 정도로 큽니다. 하지만 이 글을 끝낼 수 있어 참 기쁩니다. 마지막 순간에 마지막 글을 남기는 지금, 내 마음은 기쁨으로 차 있고, 내 마음은 지극히 평화롭습니다.

오늘은 11월 1일입니다. 가을은 겨울로 넘어가는 길을 내주고, 나무는 아름다운 잎들을 다 포기할 것입니다. 그리고 곧 눈이 내려 땅을 덮을 것입니다. 땅은 활동을 멈추었고, 사람들은 따뜻한 곳을 찾아 바삐 몸을 움직일 것입니다. 시카고의 겨울은 모질기로 유명한 죽음의 계절입니다. 그렇지만 새로운 생명과 신비로운 봄이 곧 올 것임을 우리 모두는 잘 압니다. 제가 올 봄까지는 살아 있지 못할 것은 분명합니다만 저역시도 다른 방식으로 새로운 생명을 곧 덧입을 것입니다.

죽음 후의 일이 어떻게 전개될지 저도 잘은 모르지만 하나님께서 나로 하여금 이 땅에서 내 능력껏 그분을 섬기도록 부르신 것과 같이 지금 당신의 집으로 나를 부르고 계십니다. 많은 분들이 죽음 이후의 생명과 천국에 대해 알고 싶어 질문을 많이 하셨습니다. 그럴 때마다 웃음으로 답할 수밖에 없었던 것은 저 역시도 그분들보다 더 아는 것이 없기 때문입니다.

그렇지만 어린 소년이 내게 하나님을 만나러 먼저 간 사랑하는 사람들을 만나고 싶으냐 물었을 때는 뭔가 느끼는 것이 있었습니다. 내가 누이들과 어머니와 함께 한 번도 가 본 적이 없었던 부모님의 고국, 북쪽 이탈리아 토나디코 이 프리미에로를 방문했을 때처럼, 언젠가 와 본 적이 있었던 것 같은 느낌 말입니다. 오랫동안 어머니의 사진들을 통해서 본 산과 들, 그리고 집과 사람들을 이미 알고 있었기 때문입니다.

그 땅에 처음 도착했을 때 마치 고향집에 온 것 같은 느낌이었습니다. 내가 죽어 하나님 나라에 갔을 때에도 비슷할 것 같습니다.

저는 이제 제 고향으로 돌아갑니다. 내가 떠나기 전에 여러분에게 남기고 싶은 것은 단순한 기도입니다. 여러분 모두가 내가 지닌 이 평화의 선물, 하나님의 특별한 선물을 얻으시라는 것입니다.

아들을 앞세운 비통함을 딛고

평화를 얻으면 아무리 힘든 어려움 속에 있다 해도 온전히 우리 자신이 될 수 있는 자유를 누리게 됩니다. 살아가는 데 없어도 되는 것들은 과감히 버리시고, 꼭 필요한 것만 붙잡으십시오. 그리고 자신을 비워 하나님이 마음껏 쓰실 수 있는 사람이 되길 기도합니다. 하나님 손에 들려진 아주 유용한 도구가 되십시오. 제가 자주 말씀 드렸듯이 주님과 연합하기를 원하신다면 기도해야 합니다.

제가 늘 애용하고 좋아하는 성 프랜시스의 평화의 기도를 저와 함께 마지막으로 드려 주시길 바랍니다.

영원한 지금

아들이 가고 나서는 너무 큰 것을 내려놓아 그런지 작은 것들은 내려놓기가 한결 수월합니다. 세상 살면서 무서운 것이 참 많았는데 그만 그런 것이 사라지고 말았습니다. 사소한 것에 목숨 걸고 살아왔는데, 이제는 걱정을 별로 안 합니다. 사람이 죽고 살기도 하는데 하며 웬만한 것들은 내려놓고 그냥 흐름에 맡기려 합니다. 이끄시는 대로 따라가려 합니다.

기도할 때도, 바라고 고집 부리는 일들이 많이 없어졌습니다. 내가 아무리 발버둥친다 해도 갈 것은 가고, 올 것은 온다는 것을 이제 알았기 때문입니다. 하늘의 뜻이 이루어지는 것이지, 내가 아무리 노력하고 애써도 하늘의 뜻에 위배되는 것은 이뤄지지 않기 때문입니다. 일찌감치 그분의 뜻에 맞추어야 맘도 편하고 재미도 있고 결국 내게 유익이 되지, 내가 그분의 뜻을 조정하려 하면 결국 헛수고만 할 뿐임을 이제 알게 되었으니까요. 하나님의 뜻에 반하는 것은 세상에서 가장 무모한 일입니다.

〈단지 15분뿐〉(Just Fifteen Minutes)이라는 제목의 짧은 연극이 있습니다. 장래가 촉망되는 청년은 20대에 박사 과정을 수료하고, 뛰어난 논문을 써 칭찬을 받습니다. 장밋빛 미래가 보장된 청년이었습니다. 그러던 어느 날 가슴에 이상한 통증이 느껴져 검사를 받았더니 폐암 말기라고 했습니다. 그의 운명은 불과 15분밖에 남지 않았습니다. 그때 그가 누워 있는 병실로 한 통의 전보가 날아들었습니다.

"억만장자인 당신의 삼촌이 방금 돌아가셨소. 그의 재산을 상속할 사람은 당신뿐이니 속히 와 상속 절차를 밟아 주시오."

그 사이 운명의 시간은 8분으로 줄어들었습니다. 그때 또 하나의 전보가 도착했습니다.

"당신의 학위 논문이 우리 학교 개교 이래 가장 훌륭한 논문으로 평가되어 올해의 최우수 논문으로 선정되었음을 알려 드립니다."

이제 운명의 시간은 마지막 3분을 남겨 놓고 있었습니다. 이때 또 하나의 전보가 날아들었습니다. 애타게도 기다리던, 사랑하는 여인이 청혼을 받아들이겠다는 대답이었습니다. 결국 그는 세 통의 전보를 손에 쥔 채로 숨을 거두고, 연극은 끝이 납니다. 엄청난 재산 상속도, 최우수 논문상도, 기다리던 여인으로부터의 결혼 승낙도 결국 한순간의 꿈일 뿐입니다.

우리에게 허락된 시간은 지금뿐입니다. 그래서 지금(present)이 선물(present)인 모양입니다.

가끔 관 속에 들어가 보라

내일 일을 아무도 모른다고 하는데 조금만 정신을 차리고 보면 내일 일이 너무도 확실합니다. 몇 년 후면 내 아버지처럼, 또 우리 아이 현택이처럼 나도 죽을 것입니다. 죽음처럼 확실한 것은 없습니다. 하루가 낮과 밤으로 이루어졌듯이 인생 또한 삶과 죽음으로 이루어져 있습니다. 그리고 죽음은 삶의 끝이 아니라 완성입니다.

죽음은 피할 수 없는 현실입니다. 미룰 수도 없습니다. 그 누구와 바꿀 수도 없습니다. 단지 바꿀 수 있는 것은 죽음에 대한 우리의 태도입니다.

아들이 떠난 뒤 새로 생긴 습관이 있습니다. 어려운 일이 있고 일이 힘들면 가만히 누워 내 장례식을 치러 봅니다. 우선 관 속에 들어가 눕습니다. 서운하고 속상하고 안타깝고 밉고 화가 치밀어 오르는 상황도 관 속에 누워서 바라보면 그저 지나가는 에피소드에 불과해 집니다. 내 인생의 마지막에서 지금을 바라보면 대개 별것 아닌 경우가 허다합니다.

내가 죽었다고 슬피 울어 줄 사람은 가족들과 교우들일 것입니다. 그러나 그것도 일주일 지나고 두 달이 지나 세월이 가면 잊혀질 것입니다. 50년 후에는 그나마 나를 기억하던 사람들도 다 가고 말 것입니다. 누가 있어 나를 기억해 줄까요? 100년 후에는 내가 살았었다고 누가 기억해 주겠습니까? 그저 소리 없이 사라져 갈 뿐입니다.

이 세상 모든 것은 다 끝을 향해 가고 있습니다. 우리는 매일 낡은 것을 보내고 새로운 날을 맞이합니다. 바로 오늘이 은혜 받을 만한 때요, 지금이 구원을 얻을 때입니다.

나는 그리스도와 함께 십자가에 달려 죽었습니다. 이제는 내가 사는 것이 아니라 그리스도가 내 안에서 사시는 것입니다. 지금 내가 살고 있는 것은 나를 사랑하시고 또 나를 위해서 당신의 몸을 내어 주신 하나님의 아들을 믿는 믿음으로 사는 것입니다(갈 2:19-20).

날마다 죽는다

하늘을 날아다니는 새를 볼 때마다 몹시 부러워하던 개구리가 있었습니다. 어느 날 논둑에 날아와 앉은 학에게 개구리는 자기도 한번 하늘을 날아 보고 싶으니 함께 날게 해 달라고 부탁했습니다. 날개가 없는데 어떻게 나느냐고 학이 묻자, 개구리는 막대기 양쪽 끝을 서로 입에 물고 날면 되지 않겠느냐고 했습니다.

학은 개구리의 말대로 막대를 물고서 함께 하늘 위로 날아올랐습니다. 하늘로 올라간 개구리는 기분이 좋아서 의기양양했고, 땅에서 그 개구리를 구경하던 다른 개구리들은 모두 부럽다는 듯이 올려다보았습니다. 저렇게 기발한 방법을 누가 생각해 냈을까 감탄하면서 칭찬을 아끼지 않았습니다. 그러자 학과 함께 하늘을 날던 개구리가 한껏 우쭐해져서 말했습니다.

"누구긴 누구야, 바로 나지."

그 순간 개구리는 추락하여 땅바닥에 떨어져 죽고 말았습니다.

힘든 일이 생길 때마다 죽음을 생각합니다. 천수를 누린다 해도 그 날은 20년 내지 30년에 불과합니다. 미국 와서 산 만큼만 앞으로 더 살면 나도 가야 합니다. 그렇게 생각하면 현재의 고민거리나 불평은 아주 하찮은 것이 되고 맙니다.

'그래, 이것도 지나가고 말겠지. 일생을 두고 생각해 보면 하나의 에피소드에 불과해. 그런데 왜 내가 여기에 목을 매고 세상 다 산 사람처럼 걱정하고 애를 태우는 거지?'

성경이 온통 죽는 얘기로 가득한 것은 죽음에서 바라보아야 착각하지 않고 생명이 보이기 때문일 것입니다.

아침저녁으로 선선한 바람이 불어옵니다. 곧 단풍이 들고 얼마 안 가 잎을 모두 떨구고 앙상한 가지만 남을 것입니다. 하지만 겉으로 드러난 아름다움이 사라졌다고 절망하지 않았으면 합니다. 오히려 나무는 잎을 다 떨구고, 잎을 향해 보내던 수액을 안쪽 깊은 곳으로 더 깊이 들이마셔서, 더 강인하고 더 탄력 있는 나무로 성장할 것입니다.

수많은 결점과 오점과 약점을 떨구고, 그리스도 안에서 새로운 모

아들을 앞세운 비통함을 딛고

습으로 성장하기 위해 날마다 죽게 하십니다. 세상에 대해서 죽고, 그리스도에 대해서 살려고 자신을 죽이는 것 그것이 기도일 것입니다. 나를 바꿔 달라는 것, 아버지의 뜻대로 하시라는 것이 기도이니, 기도 없이는 한시도 살 수 없습니다. 그래서 나는 날마다 죽어야 합니다.

기왕에 보내야 한다면

아침묵상을 끝내고 총회 준비를 하는데 아내에게서 전화가 왔습니다. 잔뜩 가라앉은 목소리로 장모님이 소천하셨다고 했습니다. 그 소식을 듣고 잠시 멍해졌습니다. 아들도 보내고 어머니도 가시고 며칠 전에는 친하게 지내던 권사님도 암으로 가셨습니다. 계속 죽음입니다. 아버지가 가끔 구성지게 부르시던 '허사가' 한 구절이 생각납니다.

세상만사 살피니 참 헛되구나 부귀공명 장수는 무엇하리요
고대광실 높은 집 문전옥답도 우리 한번 죽으면 일장의 춘몽

홍안소년 미인들아 자랑치 말고 영웅호걸 열사들아 뽐내지 마라
유수 같은 세월은 널 재촉하고 저 적막한 공동묘지 널 기다린다
토지 많아 무엇해 나 죽은 후에 삼척광주 일장지 넉넉하오며
의복 많아 무엇해 나 떠나갈 때 수의 한 벌 관 한 개 족치 않으랴
우리 희망 무엔가 뜬세상 영화 분토같이 버리고 주님 따라가
천국낙원 영광 중 평화의 생애 영원무궁하도록 누리리로다

상여 나갈 때 혹은 부흥강사님이 구수한 목소리로 부르던 '허사
가'를 어린 나이에 웬 청승으로 1절부터 끝까지 다 외워 구성지게 불
렀는지 모르겠습니다.

가끔 딸아이가 이건 너무 불공평하다며 불만을 터뜨릴 때마다 해
주는 말이 있습니다.

"인생은 원래 불공평한 거야!"

살다 보면 아픔을 겪게 마련이고, 비극은 누구나 다 겪는 일입니
다. 이런 비극적 변화가 의외로 사람을 낮추고 잃어버린 영원에 눈을
뜨게 해 줍니다. 불공평한 세상에서 그것을 좋고 싫음으로 대하지 않
고 합력해서 선을 이루게 하시는 하나님을 신뢰하고, 시험을 만나거
든 기쁘게 여기고(약 1:2) 환난 중에도 즐거워할 수 있는 힘이 필요합
니다. 문제가 너무 쉬우면 재미없습니다. 어려운 문제를 풀어 낼 때,

아들을 앞세운 비통함을 딛고

보람도 있고 재미도 있는 법입니다.

내 아들이니 그 죽음을 받아들이기가 더 힘들었고, 떠나보내기는 더더욱 어려웠습니다. 그러나 어차피 마셔야 할 쓴 잔이라면 마지못해서가 아니라 기꺼이 마시고, 기왕에 보내야 할 사람이라면 감사함으로 축복하며 보내야 한다는 것도 배웠습니다. 하나님의 선하심에 내 인생을 맡기는 믿음과, 합력하여 선이 되게 하실 때까지 기다리는 소망과, 사랑이신 주님을 만나고 그 사랑으로 사람들을 아들처럼 감싸 안다가 때가 되면 가벼운 마음으로 떠나보낼 수 있는 연습을 하게 하셨습니다.

아무리 오래 살아도, 아무리 많은 것을 가져도 지금 여기에 있어야 할 의미를 얻지 못하면 헛사는 것입니다. 순간순간을 잘못 사는 사람은 마지막 순간에 많이 괴로워할 것이고, 하나님 앞에서는 많이 부끄러울 것입니다.

아우님!

유학 올 때의 싱싱하고 발랄하며 모험적이던 젊음은 가고, 이제 흩어진 마음들을 모아 통찰력과 지혜로 무장해야 하는 중후한 40대에 들어섰습니다. 40줄에 접어들던 어느 날 아침, 문득 화장실 거울에 비친 내 모습에 소스라쳐 놀란 적이 있습니다. 가늘게 잡혀 가던 주름이며 푸석푸석한 얼굴, 머리칼이 듬성듬성 빠진 머리, 처진 어깨, 늘어진 뱃살을 보며 문득 어릴 적 내 아버지의 모습을 보았습니다. 40대, 인생이 만만치 않음을 알게 되는 나이에 접어든 아우에게 어쭙잖게 터득한 지혜를 나누고 싶습니다.

더 빨리 가는 것만 같은 세월 속에서 어디로 갈지 알 수 없어 예전에 없던 막연한 불안감과 두려움이 엄습하는 시기이기도 합니다. 첫사랑의 열병에 몸살을 앓던 10대 사춘기와는 달리 이제는 인생의 허허로움에 몸살을 앓는 사추(秋)기가 시작되었습니다.

앞만 보고 달려온 세월, 아들이 죽고, 조카가 교통사고로 죽고, 또 부모님이 돌아가시고, 40대 인생의 정점에서 맞는 고통 속에서 그 모든 아픔들이 내가 누린 선물의 일부였음을 알아차리게 되었습니다. 마흔에 이르면 세상의 아픈 상처가 더 잘 보이고, 세상의 아픈 상처 하나쯤 껴안아야 할 나이라더군요. 잘 익은 과일이 스스로 터져 씨앗을 뱉어 내듯이, 자신의 상처를 보아 남의 상처를 어루만져 줄 수 있는 성숙한 나로 다시 태어나는 시기로써 40대를 맞기 바랍니다.

43세에 갑자기 뇌졸중으로 쓰러진 친구의 소식을 들으면서, 이제 초대하지 않은 불청객이 갑자기 찾아올 수도 있으니 운동에 각별히 신경을 써야 할 나이임을 깨닫습니다. 운동은 선택이 아니라 필수이며 의무인 셈이지요. 친구의 죽음을 보며 살아 있는 사람들에게 정성을 다하고, 지금 내가 살아 있음을 감사하며 그 신비도 볼 수 있으면 좋겠습니다. 40대 과로사가 많은 이유는 "난 아직은 아냐!" 하는 자만심에서 온답니다. 늙어 가면서 정신을 늘 푸르게 유지하려면 몸이 정신을 반듯하게 지탱하도록 해야 하니 운동도 이제 시작합시다. 젊어서 몸을 혹사시키면 늙어서 몸이 복수를 한답니다.

아우님! 아우님은 40대에 들고 나는 40대 후반으로 달려갑니다. 타계한 친구도 있고, 회사 중역으로 세계를 누비는 친구도 있고, 관직에 나가 목에 힘을 주는 친구도 있고, 실직하여 당황하는 친구들이 생기는 40인생의 파노라마. 마흔은 죽음이 삶과 함께 있다는 것을 깨닫게 되는 영적인 나이의 시작이랍니다. 칼 융이라는 심리치료사는 수천 명의 환자를 오랫동안 치료하면서 이런 결론을 내렸다지요.

"40대 이후의 모든 정신적인 문제는 신앙의 부재에서 오는 것이다."

"바쁜 것을 핑계로 자주 들여다보지 못해 왠지 낯설고 서먹해진 자신과도 화해하고, 흐트러진 마음을 안으로 모으는 깊은 고요함을 지니는" 40대를 맞기 위해 이제 신앙도 가져 보시기 바랍니다. 잘 산 사람만이 잘 죽을 수 있답니다. 나이로 인해 초조해하기보다는 40대에 들어선 스스로를 축복해 주고, 인생 후반전을 지혜롭게 살아가는 완숙미를 가꿔 가기 바랍니다. 그러기 위해서는 믿음생활이 필수적인데 이제 시작해 보지 않겠습니까?

"하나님! 저에게 합당한 삶을 주소서. 그리고 그 삶에 걸맞는 합당한 죽음을 맞게 하소서!" (릴케)

사랑은 눈물의 씨앗

한국말을 배우라고 딸아이에게 매일 한국 드라마를 보게 합니다. 자기도 드라마 보며 찔찔 짜면서, 내가 울면 놀려 대기 일쑤입니다.

"아빠는 맨날 울어? 그런데 왜 한국 드라마는 맨날 우는 것만 나와?"

궂은비가 눈물처럼 내려야 한이 풀리고 가슴도 시원해지는가 봅니다. 서양의 새들은 노래를 하는데 한국의 새는 울어야 합니다. 벌레도 울고, 문풍지도 울고, 글씨도 물에 불어 울고, 울다울다 나중에는 주먹까지 웁니다. 울지 않으면 '피도 눈물도 없는' 모진 사람이 됩니다.

세상 살면서 울 일이 얼마나 많습니까? 그러나 눈물은 빗물 같아 메마른 대지에 새 생명을 줍니다. 눈물을 쏟으면 상한 영혼에도 새 힘이 솟아오릅니다. 눈물은 화를 삭이고, 고통을 견뎌 내게 하고, 용기도 줍니다. 눈물을 흘릴 줄 아는 사람은 사랑할 줄 아는 사람이고, 사랑하는 사람의 눈물은 영혼을 옥토로 바꾸어 줍니다. 눈물은 인간만이 가진 참으로 아름다운 결정체입니다. 우는 마음은 진실하고 거짓이 없습니다.

예수님은 심장이 터지는 것 같은 아픔을 느끼고, 창자가 끊어지고 명치끝이 아파 어쩔 수 없는 고통을 당하며 우는 자가 복이 있다 하셨습니다. 자기 안에 들어 있는 모순을 가슴 아파하며, 영혼 깊은 곳에서부터 나오는 통회의 눈물을 흘려 본 사람은 알 것입니다. 탈무드를 보면, 비누는 몸을 닦는 데 필요하지만 눈물은 마음을 닦는 데 꼭 필요하답니다. 스퍼전은 "메마른 눈으로 천국에 들어올 사람은 아무도 없다"고 했습니다.

자신의 부족함을 가슴 아파할 줄 아는 사람은 다른 사람의 아픔도 잘 알고 이해할 수 있습니다. 봄이 되면 따뜻한 기운이 언 땅을 녹이듯, 죄악의 두터운 막을 뚫고 우리의 영혼에서 터져 나오는 눈물은 우리의 강퍅하고 차가운 마음을 녹여 줍니다.

사람들은 눈물을 흘리지 않기 위해 수단과 방법을 가리지 않고, 웃기 위해 생존경쟁을 벌입니다. 하지만 참된 행복은 자신의 부족함을 한탄하고 이웃의 고통과 아픔을 공감하며 함께 울어 줄 줄 아는 마음에서 옵니다.

> 눈물을 흘리며 씨를 뿌리는 자는 기쁨으로 거두리로다. 울며 씨를 뿌리러 나가는 자는 반드시 기쁨으로 그 곡식 단을 가지고 돌아오리로다(시 126:5-6, 개역개정).

사랑이란 고통을 함께 겪는 것, 인류를 사랑하시고 나를 구원하시는 예수께서 눈물을 흘리셨습니다.

너나 잘해!

신학대학원에 입학하고 얼마 안 돼 한참 비판적인 사고에 젖어 있던 시절이었습니다. 저는 당시 심방전도사이기도 해서 교회에 깊이 관여되어 있었지만, 못마땅한 것이 한두 가지가 아니었습니다. 신학대학원생들이 모인 자리에서는 항상 열띤 토론이 있었고, 서로들 핏대를 올려 가며 자기만 의인인 양, 자기 아니면 한국 교회는 희망이 없는 듯, 자기만이 교회를 개혁할 수 있는 듯 열변을 토했습니다. 저도 목회 현장에서 경험한 갈등과 불만을 토로하면서 교회의 문제점들을 신랄하게 성토했습니다. 한참 그러고 있는데 옆에 있던 나이 많은 형이 불쑥 일어나더니 저를 똑바로 보며 이렇게 말했습니다.

"니는 어떻고? 니는 지금 그 교회에 몸담고 있지 않나? 니나 잘해라 마!"

교회 비판에 열을 올리던 나는 순간 무안해졌습니다. 한편 그 형이

야속했습니다. 정곡을 찔러 더 이상 할 말을 막아 버린 그의 말은 너무 무자비했습니다. 그러나 옳은 말이었습니다. 아프고 부끄러웠지만 두고두고 생각이 나고, 두고두고 약이 됩니다.

자기 문제를 깊이 보지 못하는 사람일수록 남의 일에 관심도 많고 간섭도 잘합니다. 타당한 질문을 하지만 정작 자신은 문제 삼지 않습니다. 아니 문제 삼지 못합니다. 물음을 작게, 자신에게 한정시키고, 더 치열하게 물어야 합니다.

'내가 그리스도를 제대로 알고 있는가? 내가 정말로 은혜 안에서 하나님을 만나고 있는가?'

하나님이 웃게 하시리니

인종차별에 대항한 시민운동을 벌이다 순교한 마틴 루터 킹 목사님을 공부하러 1년간 보스턴대학에 온 일본 역사학도가 있었습니다. 나는 그에게 일본 선교라는 사명감을 가지고 복음을 전했습니다. 인생이 어떻고, 죄가 어떻고 하면서 기회 있을 때마다 그에게 그리스도를 전했습니다. 그러던 어느 날 그 일본 학생이 웃으며 이렇게 말했습니다.

"너는 뭐 그리 항상 심각하냐? 좀 웃으며 살자. 네 말대로 복음은 기쁜 소식인데 왜 너는 그렇게 항상 심각하고 무겁기만 하냐?"

딱히 할 말이 없었습니다. 복음을 전하겠다는 강박관념이 여유와 기쁨을 잃게 만들었던 것입니다. 그런 나와는 달리, 불교 신자인 그 일본 학생은 항상 여유로웠습니다. 그는 모든 것을 새롭고 신기해했습니다. 재미있게 공부하며 미국생활을 즐기던 그의 모습은 10년이 지난 지금도 잊혀지지 않습니다.

성경에는 나이 많은 아브라함이 아흔 살에 아들을 낳을 것이라는 천사의 말을 듣고 웃는 이야기가 나옵니다. 그는 아들을 낳은 뒤에도 기쁘게 웃었습니다.

하나님이 나를 웃게 하시니 듣는 자가 다 나와 함께 웃으리로 다(창 21:6, 개역개정).

하나님께서는 웃게 하십니다. 그런데 인간은 자기에게 걸려 넘어져 너무 많이 웁니다. 미움과 질투, 시기와 분쟁으로 편할 날이 없습니다.

주님과 함께 항상 기뻐하십시오. 거듭 말합니다. 기뻐하십시오. ……그러면 사람으로서는 감히 생각할 수도 없는 하느님의 평화가 그리스도 예수를 믿는 여러분의 마음과 생각을 지켜 주실 것입니다(빌 4:4-7).

거시기

"내가 권사님 맘 알고, 권사님 내 맘 아니까 뭐가 더 필요해?"

아내는 내가 나이 많은 권사님께 말 놓는 것에 질색을 하지만 나는 그 권사님만 보면 그냥 말을 놓고 싶습니다. 어리광이기도 하고, 투정 부리고 싶은 마음도 있고, 늘 어른 행세만 하다 보니 그냥 마음을 놓아 버리고 싶기도 해서입니다. 그 권사님도 그런 내 마음을 아시는지 말을 놓아도 기쁘게 받아 주십니다. 서로를 알고, 서로를 믿어 주고, 서로에게 큰 뜻을 품는 사이가 된다는 것은 살아가는 동안 받을 수 있는 제일 큰 복이 아닐까 생각합니다.

"저, 집사님 그거 있잖아요."

"아, 그거요. 예, 제가 잘 알지요."

"장로님, 거시기 그것 아시지요?"

"예, 목사님. 그걸 왜 제가 모르겠습니까?"

그것, 거시기로 다 통하고 마는 세계가 천국일 것이라 미루어 짐작해 봅니다. 전은 이렇고 후는 저렇다고 일일이 설명해야 하고, 군이 설명을 해도 못 알아듣고, 알아들었다고 하는데도 자기 식대로 해석해 심한 오해와 왜곡이 있다면 거기는 지옥입니다. 스스로 계신 하나님(출 3:14)이 있는 천국은 거시기한 세상이라 거시기한 사람만 보고 느끼고 살 수 있습니다.

> 우리는 그 말씀을 듣고 눈으로 보고 실제로 목격하고 손으로 만져 보았습니다(요일 1:1).

바울도 예수께 잡힌 바 된 '그것'을 말하고 있습니다. 인간의 언어로 어떻게 그것을 설명할 수 있겠습니까? 종종 우리는 그것을 경험한 것 가지고 구원의 확신이니, 하나님이 살아 계시다느니, 존재 경험이니, 거듭남의 체험이니 말들 하지만, 그게 과연 설명이 될까요? 사랑에 빠진 두 남녀가 그 사랑을 조리 있게 설명할 수 없는 것과 같을 것입니다. 그냥 "그거 있잖아!" 하면 되고, 직접 사랑에 빠지는 수밖에요.

거시기는 또 자족하며 초월하는 세계입니다.

나는 어떤 처지에서도 자족하는 법을 배웠습니다. 비천하게 살 줄도 알며 풍족하게 살 줄도 압니다. 배부르거나 배고프거나 넉넉하거나 궁핍하거나 그 어떤 경우에도 적응할 수 있는 비결을 알고 있습니다(빌 4:11-12).

나는 이 희망을 이미 이루었다는 것도 아니고 또 이미 완전한 사람이 되었다는 것도 아닙니다. 다만 나는 그것을 붙들려고 달음질칠 뿐입니다. ……하나님께서는 그리스도 예수를 통하여 나를 부르셔서 높은 곳에 살게 하십니다. 그것이 나의 목표이며 내가 바라는 상입니다(빌 3:12-14).

신앙생활의 거시기는 감사가 회복되는 세계인 듯싶습니다. 어디에선가 읽은 글이 기억납니다.

어느 날인가 5년 전, 추운 겨울날 작업 도중에 감전 및 추락으로 전기 화상을 입었습니다. 이후 20여 가지의 병명으로 여덟 번의 수술을 했고 또 수술이 예정되어 있습니다. 머리부터 발끝까지 이루 말할 수 없는 화상의 고통이 옥죄어 와 살아 있는 것이 후회스러웠습니다. 지금도 자주 악몽으로 힘겹고 고통스럽게 지냅니다. 많은 것을 잃었지만 재활 치료와 의료진의 도움으로 여기까지 왔습니다. 오도 가도 못한 채 병원에 꼼짝없이 묶여 치료를 받았습니다. 그리고 마침내 의료진의 정성과 대학병원 측의 도움으로 다시금 생을 얻어 어린 자녀들을 볼 수 있음이 고맙고 감사하기 그지없습니다.

내가 세상에 줄 것은 무엇일까? ……마지막으로 의대에 내 몸을 주기로 했습니다. 이 글을 쓰며 내내 눈물이 흐릅니다. 그러나 어차피 다 놓고 갈 바엔 안 주려 떼쓰지 말고 스스로 내어놓고 살겠습니다. 삶을 조금 먼저 내려놓으니 이렇게 편하네요.

관세음보살 觀世音菩薩

어제는 모처럼 기분이 참 좋았습니다. 우울하게 살아가던 어느 집사님께서 교회로 돌아오셨습니다. 그리고 요즘 그분의 환하게 밝아진 얼굴, 편안하고 여유 있는 모습이 참 보기 좋습니다. 이런 변화를 보는 것은 목사의 특권이자 커다란 보람이며 보상입니다.

목사에게 이때처럼 행복한 순간은 없습니다. 집사님은 내게 이런 간증을 하셨습니다.

"말씀에 은혜를 받으니 기운이 납니다. 말씀을 듣다가 밖을 나가 보니 세상이 춤을 추고 있었습니다. 이름 없는 들풀이 너울너울 춤을 추는 것이 보였고, 평범한 들꽃들이 찬양하는 소리도 들렸습니다. 그래서 이름 없는 들풀을 파다 화분에 심었습니다. 그 행복한 순간을 기념하려고요. '멋도 없는 들풀을 왜 쓸데없이 심었느냐?' 핀잔하는 친구는 내 이 기쁜 마음을 모릅니다."

그래서 내가 그 집사님께 말씀드렸습니다.

"집사님은 세상에서 가장 큰 복을 받으셨습니다. 비록 몸은 불편하시지만 그렇게 볼 수 있는 눈을 받았으니 많이 부럽습니다."

성경에서 '하나님을 보았다'거나 불교에서 '진리를 보았다'(見性)는 것은 대상과 몸이 하나로 되는 경지입니다. 하나님을 볼 때는 온몸과 온 맘으로 볼 수밖에 없습니다. 불교에서는 '소리를 보는'(觀音) 보살이 있습니다. 바로 관세음보살이지요. 관세음(觀世音), 즉 세상의 소리를 보고 천 개의 손으로 중생을 보살피는 천수보살이랍니다.

소리를 본다는 것은 소리만 듣고도 사람을 알고, 형편과 처지를 다 꿰뚫어 보는 일일 것입니다. 성경에서 하나님은 이집트에서 종살이

하는 이스라엘 백성의 신음소리를 보셨습니다. 하나님 닮은 사람은 세상의 아픔을 들어야 합니다. 참 아름다운 세상의 이치도 듣고 볼 수 있어야 합니다.

나 같은 것도 예수 믿을 수 있다니!

처음 사역한 단독 목회지는 신도 대부분이 박사학위를 가졌고, 자랑할 것이 많은 분들이 모인 교회였습니다. 여느 교회와는 다른, 수준 높은 신앙을 자랑스레 여겼을 뿐만 아니라 인텔리 교회라는 자부심도 대단했습니다. 그런데 지나고 보니 그 모든 게 부질없는 허영이며 자기만족일 뿐이었다는 생각이 듭니다.

많이 배웠으면 배운 것 가지고 봉사하라는 것이요, 수준이 높다면 수준 낮은 사람을 섬기라는 것인데, 그것이 자랑거리가 된다면 교회는 생명을 잃는 것입니다. 특별한 사람들이 모인 특수한 교회라는 교만이 자리한다면 그것은 오히려 걸려 넘어지게 하는 신앙의 장애일 뿐입니다. 많이 가진 사람들이 도리어 가진 것을 제대로 누리지 못했고, 허영과 우월감은 신앙이 자리할 틈을 주지 않았습니다. 그런 분위기에서 잔뜩 주눅이 들어 목회하던 내가 한없이 초라하게 여겨지던 시절이었습니다.

그러다가 가진 것 없는 사람들이 사는 교회로 파송을 받았습니다. 그런데 그곳에서는 사랑을 많이 받았습니다. 나는 그곳에서 목회를 한 것이 아니고 도리어 목회를 받았습니다. 팥으로 메주를 쑨다 해도 믿어 주시는 분들 속에서, 사람 사는 것이 뭔지 배웠습니다. 사람의 배움이 사람 사는 데 그리 큰 역할을 못하고 때로는 그것 때문에 가난하게 살 수도 있음을 깨달았습니다.

그 교회에 좋은 분들이 참 많았지만 특히 천사표 김 권사님이 생각납니다. 한국전쟁으로 초등학교도 중퇴하셨고, 아버지는 전사하셨고, 생활고에 시달린 어머니는 씨받이로 들어가셨습니다. 어린 나이에 큰집에 더부살이를 하다가 큰집에 있는 것이 미안해 일찌감치 서울로 올라와 어려서부터 공장생활을 했습니다. 우여곡절 끝에 미국 병사를 만나 결혼해 이민 오셨는데, 못 사는 것이 한이 되어 억척스레 일하시다가 직업병을 얻어 고생하며 사십니다.

지금도 여전히 힘든 생활이지만, 그분은 늘 누군가를 보살피면서 사십니다. 손톱 밑에 검은 때가 여름 내내 없어지지 않는 것은 직접 채소 농사를 지으시기 때문입니다. 그리고 그렇게 지은 채소로 김치를 만들어 이 사람 저 사람 다 나눠 주십니다. 권사님의 김치 맛은 일

품인데 30년 전 전라도 맛입니다. 김치 담가 베푸시는 그분의 손길을 거치지 않은 사람이 거의 없을 정도로 베풀길 좋아하시고, 궂은일 당한 사람들 틈엔 어느 샌가 가 계십니다. 그리고 그들과 함께하며, 아픔을 당신 것처럼 그렇게 분담하며 사십니다.

권사님의 별명은 '퍼 주기'입니다. 그런데 그분의 샘물은 마르는 법이 없습니다. 그러니 자연 주변에 사람이 들끓습니다. 당신은 폐차할 지경에 이른 차를 얻어 운전하고 다니시면서 남에겐 언제나 좋은 것 베푸시고 전혀 궁색해하지 않으며 당당하십니다. 자신을 위해서는 쓰지 않으면서도 남들에게는 언제나 후합니다. 나를 포함해 우리 식구들도 그분의 은혜를 많이 입었습니다.

권사님이 먼저 마음을 여시고 자신이 지나온 파란만장한 삶을 얘기해 주셨습니다. 사람이 어쩜 그렇게 어렵게 살 수 있는지, 믿기지 않을 정도로 험악한 세월을 살아오셨지만 그 세월이 권사님을 아름답게 빚어 놓았습니다. 그래서 나도 그 권사님을 사랑할 수 있게 되었고 마음을 나누면서 7년을 참 포근하게 지냈습니다. 권사님 생각만 하면 마음이 아리고 포근하고 누님같이 편안합니다.

질곡의 세월을 사신 권사님은 지금 엄청난 영적 부자로 살고 계십니다. 권사님 안에 계신 그리스도는 그분의 투박한 삶으로 표현됩니다. 언젠가 제자화 성경공부 시간에 하셨던 그분의 말 한마디가 어쭙

잖은 내 교만을 깨뜨렸습니다.

"목사님, 저 같은 것도 예수님 믿을 수 있다니 꿈만 같습니다."

"권사님이 뭐가 어때서요?"

"아니에요, 목사님. 저 같은 무지랭이가 교회 나올 수 있고 예수 믿을 수 있다니 황송하기만 해요."

그분이 곁에 있는 것만으로도 아름답고 향기롭습니다.

작은 것을 믿음으로 나누면서 한없이 커져 가는 그분의 삶은, 세상적인 눈으로 보면 초라하기 그지없습니다. 하지만 작은 것을 아낌없이 내어주는 삶으로 큰 것을 마음껏 누리는 모습은 참으로 크고 아름답습니다. 많이 가졌지만 늘 부족하다고 불평하는 사람이 많은데, 적게 가졌지만 그 작은 것 가지고 사람들 살리며 큰 삶을 사시는 권사님을 만나게 된 것은 내 인생의 큰 복입니다.

"목사님, 어떻게 해!"

권사님은 현택이가 아플 때 찾아오셔서 내 목을 끌어안고 우셨습니다. 덕분에 나도 그 넓은 가슴에 안겨 마음껏 울 수 있었습니다.

너의 행복이 하나님의 영광임을

준택이의 자전거가 작아서 새로 사 주었습니다. 박스를 뜯고 조립을 하는데 애를 먹었습니다. 자기가 돕겠다고 떼를 써서 처음에는 그러라고 했지만, 나사를 조이고 힘을 주어 쥐어야 하는 것이 준택이 힘 가지고 될 리 만무했습니다. 그래서 내가 하겠다고 달라고 했더니 자기도 할 수 있다고 화를 냅니다. 하지만 막상 하려고 하면 잘 되지는 않고 하니 그만 제풀에 삐치고 말았습니다.

결국 새 자전거를 타는 기쁨은 어느새 사라지고 그 좋은 자전거를 조립하느라 부자지간에 서로 싸우고 말았습니다. '돕기는 뭘 돕는다고!' 하며 그냥 한 대 쥐어박고 싶었지만 꾹 참았습니다.

하나님 앞에서의 내 모습을 생각하게 됩니다. 우리가 할 일은 주님이 주시는 은혜를 누리는 것입니다. 충분히 누려야 남을 도울 수 있으니까요. 자기를 사랑하지 못하는 사람이 남을 어찌 사랑할 수 있겠습니까? 우선은 그저 은혜를 감사히 받는 연습부터 해야 합니다. 아빠를 도와주겠다고 나선 아들이 대견스럽기도 하지만, 그렇다고 해서 정말 아빠를 도울 수 있는 것은 아닙니다. 아빠는 새로 사 준 자전거를 마음껏 즐기면서 행복해하는 아이의 모습을 보는 것 이상 더 큰 기쁨이 없습니다.

2세기 교부였던 이레니우스는 "내가 가장 행복하고 기쁘게 사는 것 그것이 하나님께 드리는 영광이다"라고 말했습니다. 아빠는 새로 사 준 자전거에 각별한 애정을 표시하고 좋아하고 즐기는 준택이를 보고 싶은 것입니다.

나는 너만 보면 배부르다

우리 아버님은 초등학교도 못 다니셨습니다. 이상하게 할아버지들이 요절하시는 바람에 가세가 기울고 고향을 떠나셔야만 했기 때문입니다. 독학으로 한문과 국문을 익혔지만 평생 한이 되셨던지 내가 초등학교 입학했을 때 그리도 좋아하고 대견해하셨습니다.

초등학교 1학년 때 일입니다. 어느 날, 학교 창문을 기웃거리며 아들 공부하는 모습을 훔쳐보시다가 담임선생님께 들켜 교실 안으로 초대받아 들어오셨습니다. 선생님은 아버지의 마음을 읽으셨던지 나더러 앞으로 나와 칠판에 '우리 학교'를 쓰라고 하셨습니다. 글씨 쓰는 나를 자랑스레 보며 흡족해하시던 아버지의 모습이 지금도 눈에 선합니다. 아버지는 나를 보며 늘 이렇게 말씀셨습니다.

"나는 밥을 안 먹어도 너만 보면 배부르다."

배고픈 시절을 살아오신 아버님의 지극한 사랑 표현입니다. 나는 아버지 곁에 존재하는 것만으로도 기쁨을 선사한 효자였던 것입니다.

아버지의 사랑이 그토록 지극한데 아들이 어찌 잘못될 수 있겠습니까? 아버지의 기대에 부응하여 우등상을 받았고, 그때마다 아버지는 가난한 살림이었지만 학교 선생님들을 초대해 닭을 잡으셨습니다. 아들 잘 가르쳐 주셔서 감사하다고 말입니다. 당신은 밥 안 먹어도 배부르다는 아버님의 기대, 아버님의 사랑은 돌아가시는 그날까지 한결같으셨습니다.

감리교신학대학 교수이셨던 고(故) 윤성범 목사님은 예수를 효자라 하셨습니다. 그러면서 효심은 한국 사람들의 믿음을 표현할 수 있는 최고의 개념이라 했습니다. 아버지의 사랑을 알고, 아버지의 뜻을 받들기 위해 목숨까지 내놓은 아들. 빌립보서에는 이 아들의 효성스런 모습을 노래로 만들어 부른 대목이 나옵니다.

그리스도 예수는 하느님과 본질이 같은 분이셨지만 군이 하느님과 동등한 존재가 되려 하지 않으시고 오히려 당신의 것을 다 내어 놓고 종의 신분을 취하셔서 우리와 똑같은 인간이 되셨습니다. 이렇게 인간의 모습으로 나타나 당신 자신을 낮추셔서 죽기까지, 아니, 십자가에 달려서 죽기까지 순종하셨습니다(빌 2:6-8).

하나님 아버지께 효자가 되는 길은 그저 기쁘고 즐겁고 감사하며 사는 것입니다. "나는 안 먹어도 너 보면 배부르다!" 하시던 아버지가 그립습니다. 때로 사는 게 힘들어 기대고 싶고 안기고 싶을 때면 아버지가 생각납니다. 보이지 않는 하나님 아버지가 우리 아버지를 통해서 나타나셨다고 나는 믿습니다.

나는 또 아버지가 되어 아들을 십자가에 못박은 아버지의 심정을 느낄 수 있었습니다. 믿음이 따로 있겠습니까? 아버지를 알면 되는 것이라 생각합니다. 효자가 따로 있겠습니까? 내가 행복하게 살면 되는 것입니다.

믿음이 없이는 하나님을 기쁘시게 하지 못하나니(히 11:6, 개역개정).

아버지와 아들

새벽예배를 드리고, 아침묵상을 하고, 설교 준비를 하고, 심방하다가 저녁 늦게 집에 들어가면 그때까지 안 자고 기다리던 준택이가 뛰어나와 내 품에 안깁니다. 순간 하루의 피로가 말끔히 씻깁니다. 세상의 어느 약이 그처럼 효과를 빨리 줄 것이며, 세상의 어떤 위로가 이를 대신할 수 있을까요?

그때쯤 현지는 잠에 빠져 있어 조용히 들어가 뽀뽀만 해 주고, 준택이와 놀이가 시작됩니다. 자기가 만든 장난감을 보여 주기도 합니다. 무등 태워 달라면 목에 올려 태우고 신나게 한바탕 놀이판을 벌입니다.

기쁨! 준택이는 내 기쁨입니다. 잘생겼든 못생겼든 상관없습니다. 아니, 내 아들이 세상에서 제일 잘생겼습니다. 그냥 예쁘고 그저 사랑스럽습니다.

나로 인하여 기쁨을 이기지 못하겠다고 하신 그 말씀이 이해가 갑니다. 그 느낌이 어떤 것인지 알 수 있을 듯합니다. 준택이가 나에게 효도하는 것은, 아프지 않고 명랑하고 재미있게 노는 것입니다.

내가 하나님께 효도하는 것(예배하는 것)은 내가 행복하게 사는 것

아들을 앞세운 비통함을 딛고

입니다.

밸렌타인데이에 준택이가 카드를 만들어 주었습니다. 종이 한 장
에 누나가 만들어 준 사랑 마크를 붙이고, 로봇이라며 이상야릇하게
찍찍 그은 선이 전부입니다. 그래도 고맙습니다. 그것을 아빠에게 주
면서 의기양양 뿌듯, 대견, 온갖 표정을 짓는 준택이. 그러면서 아빠
의 반응을 기다리는 것을 보는 것도 즐겁습니다.

사랑하게 되면 하찮은 것도 달리 보이듯, 턱없이 모자라는 아들이
지만 하나님의 사랑에서 보면 귀하기만 하시답니다. 나를 보시고 기
쁨을 이기지 못하시겠다고 합니다.

이 눈으로 세상을 보니 오늘 아침은 참 따뜻합니다. 이 눈으로 세
상을 보며, 이 눈으로 사람들을 바라보겠습니다.

우유 짜는 사람은 하나님의 영광을 위해 소젖을 짤 수 있다
(마르틴 루터).
무슨 일을 하든지 마음을 다하여 주께 하듯 하고(골 3:23, 개역
개정).

세상에 공짜는 없어

지금까지 살아오면서 가장 후회스런 일이 있다면, 인간관계입니다. 앞만 보며 열심히 달려오는 사이 인간관계에 좀 소홀했습니다. 특히 목사는 교인을 친구로 삼기가 참 어렵습니다. 이쪽에서 친구로 가기도 어렵지만 목사이기 때문에 저쪽에서 친구로 오기도 참 어렵습니다. 그리고 떠나온 교회 교인들과는 친구할 수 있지만 섬기는 교회 교인들은 친구하기 어렵습니다. 바람직하지도 않다고 합니다. 30대 중반을 넘어서면 열심히 사는 것도 좋지만 무엇보다도 인간관계에 정성을 기울여 가꿔 가야겠다고 생각했습니다. 그렇게 오랫동안 신앙생활을 해 오면서도 왜 나는 관계 훈련을 받아 보지 못했을까요?

세상에는 공짜가 없다는 것을 갈수록 실감합니다. 정성을 기울인 만큼 결과를 얻지 못하는 경우가 많다고들 하지만, 정성을 기울여 집중하는 자신만큼은 성장하고 변할 수 있습니다. 자신이 성장하는 것보다 더 큰 복이 어디 있겠습니까? 내가 변하면 세상이 송두리째 다 변하는데 말입니다. 멀리 보고 크게 보고 손해를 감수하는 용기를 가진 사람은 결코 손해 보지 않습니다.

이외수 씨 글 중에 이런 구절이 있습니다.

"험난한 길을 선택한 인간은 길을 가면서 자신의 욕망을 버리는 일에 즐거움을 느끼고, 평탄한 길을 선택한 인간은 길을 가면서 자신의 욕망을 채우는 일에 즐거움을 느낀다. 전자는 갈수록 마음이 너그러워지고, 후자는 갈수록 마음이 옹졸해진다."

버렸지만 마음이 너그러워진 사람은 세상을 다 껴안을 수 있고, 버렸기에 더 넉넉해진 그릇이어서 주실 때 많이 담을 수 있습니다. 하지만 옹졸해진 종재기 마음에는 담을 것이 별로 없기도 하지만 많이 주어져도 그릇이 작아 다 흘러 버릴 것입니다.

절대 공짜는 없습니다. 따지고 보면 구원도 공짜가 아닙니다. 주님의 고난과 죽으심과 부활의 공로로 얻은 것이니까요. 심은 대로 거두는 법입니다. 하나님도 철석같이 믿고 싶지만 사람도 그렇게 믿으며 살고 싶습니다. 신뢰를 주고받는 관계 안에서 하나님을 느끼고 싶습니다. 군이 말하지 않아도 믿어 주는 친구를 갖고 싶고, 그렇게 인정하고 사랑하고 믿어 주는 내가 되고 싶습니다.

공짜는 없다는데 어떻게 해야 할까요? 도리 있나요? 눈물을 흘리며 씨를 뿌리는 수밖에요.

사람에게 비는 하나님

사람들은 주말이 자유롭지만 목사인 나에게는 주말이 제일 바쁘고 월요일이 제일 한가합니다. 그래서 월요일은 가족과 함께 보내지만 학교는 휴일이 아니어서 현지보다는 주로 막내와 함께 보냅니다.

"오늘 아빠하고 데이트하는 날이지. 우리 뭐하고 놀까?"

"아빠, 우리 토이저러스 가서 놀자!"

축구도 하고, 카드놀이도 하고, 자전거 타는 것도 좋아하지만 점점 장난감 사는 것이 더 좋아지는 모양입니다. 처음에는 맛있는 것 사주고 재미있게 놀았는데, 1달러 가게에 가서 장난감 한번 산 것에 맛이 들어 이제는 데이트하자면 장난감 가게를 가자고 성화를 댑니다. 1달러 가게는 가격이 저렴해 부담 없이 들렀는데 토이저러스라는 고급 장난감 가게를 알고부터는 1달러 가게는 가지 않겠다고 떼를 씁니다. 건전지를 사도 토이저러스에 가야 하고, 뭐든 간단한 것도 거기 가서 사야 한다고 보챕니다. 준택이 눈이 갑자기 높아진 것입니다. 아빠하고 노는 것보다 장난감이 더 좋아진 모양입니다.

한번은 갖고 싶은 것을 하나만 사라 했더니 맘에 드는 것이 너무 많은지 고민하다가 자기가 아빠 것도 하나 사 주겠다고 하면서 장난감 하나를 더 고르는 것이었습니다. 아주 기발한 착상에 헛웃음만 났지요. 그래서 속아 주는 척하고 아빠 것도 사 주어서 참 고맙다고 했습니다. 그러나 집에 와서는 물어볼 것도 없이 자기가 가지고 놀았습니다.

사랑은 주고받는 것입니다. 선물이 목적이 되면 관계는 재미없어집니다. 아빠가 좋아서, 아빠하고 함께 있는 것이 좋아야지 그 관계 속에 선물이 끼어들면 불순해집니다. 그리고 나중에는 아빠까지 이용해서 자기 원하는 것을 손에 넣으려 합니다.

하나님과의 관계도 마찬가지입니다. 관계가 중요한데도 장난감에 눈이 팔리면 하나님은 안 보이고 우상만 보이게 마련입니다. 정겨운 친구가 모처럼 불쑥 나타나서 돈 꿔 달라고 해 보십시오. 물론 사정이야 있겠지만 조금은 당황스러울 것입니다. 대신 "그냥 보고 싶어 왔어!" 하면, 무슨 말보다도 더 정겹습니다.

"그냥 왔어! 보고 싶어서."

큰아이가 살아 있던 시절, 목회하며 공부하느라 여름 휴가 때는 대개 집을 떠나 학교 근처에서 혼자 공부하며 지냈습니다. 그해에도 한 달을 공부하고 집으로 돌아가려고 전화를 걸었습니다. 첫째 현택이에게 물었습니다.

"곧 개학할 텐데 필요한 것 없니?"

현택이는 이것저것 목록을 불러 주고 갖고 싶은 게임도 사 달라고 했습니다. 그런데 여섯 살 먹은 현지에게 똑같이 물었다가 그 녀석 대답에 감동하고 말았습니다.

"아빠! 장난감 사러 가지 말고 빨리 와. 보고 싶어!"

장난감보다 아빠가 더 보고 싶다는 그 예쁜 딸에게 뭔들 못 사 주겠습니까?

내가 주님 안에, 주님이 내 안에 거하시는 것, 함께 동거하는 기쁨, 그것이 바로 기도입니다. 그래서 기도 없는 신앙생활은 아무리 좋은 것을 가져도 불만이요 불평밖에 없습니다. 기도는 하나님께 무엇을 간청하는 것이 아니라 하나님께서 우리에게 주고자 하시는 것을 받아들이는 것입니다. 우리가 할 수 있는 일은 그저 받아들이는 것뿐입니다. 예쁜 딸에게 뭔가를 주고 싶어 하는 아빠의 마음, 가장 좋은 것으로 사랑하는 자녀에게 주시려는 하늘 아버지의 자비로움만 의지할 뿐입니다. 아빠와의 데이트가 선물에 있지 않고 그냥 아빠와 함께 노는 것인데, 선물에 길들여지면 아빠는 보이지 않습니다. 인격적인 교류 없는 선물은 아무 의미가 없습니다. 오히려 관계를 단절시킬 뿐입니다. 사랑의 하나님이 원하시는 것만 하셨던 예수님은 최고의 효자셨습니다.

40대 초반에 늦둥이로 낳은 준택이가 대소변을 가릴 때 일입니다.

오줌이나 똥을 싸면 그것을 가지고 엄마 아빠 형 누나에게 자랑하려고 여기저기 냄새를 피우며 다녔습니다. 자기가 혼자 쌌고 그게 자기 것이라고 자랑하고 다녔습니다. 다들 코를 쥐고 손사래를 쳐도 아랑곳하지 않고 당당하게 자랑하는 모습이 귀엽기만 했습니다.

어른들 눈에는 냄새나는 것이지만 아이에게는 커다란 자랑거리며 훈장인 것입니다. 어린아이에겐 모든 것이 다 놀이요, 신비스러운 것들뿐이지요. 신나게 놀다가 푹 쓰러져 잠이 들고, 깨면 또 행복한 놀이의 연속입니다. 어른들처럼 잘 보이려 꾸미는 법이 없습니다. 어른들처럼 계산하지 않습니다. 꾸밈없이 놀이에 심취해 있는 모습이 참 보기 좋습니다. 아이에게는 나무가 말을 걸어 오고, 해가 나무 뒤로 숨습니다. 아이에게는 이 세상에 무지개 아닌 것이 없습니다. 하늘의 별도, 땅의 나무도, 그 속에 사는 새도, 벌레도, 일체가 신비로운 무지개입니다. 모두가 친구요, 모두가 놀잇감입니다. 하나님 안에서 일체를 맡기면 다 은혜입니다.

준택이는 장난감을 가지고 놀다가 싫증이 나면 가끔 책 보는 아빠에게 아무 이유 없이 다가와 뽀뽀를 해 주며 외칩니다.

"아빠, 사랑해!"

그러고는 꼭 안아 주는데, 기분이 얼마나 좋은지 모릅니다. 때로는 글을 쓰거나 책을 읽고 있는데 가만히 다가와 허락도 받지 않고 무조건 궁둥이를 디밀면서 무릎에 앉습니다. 그런 아들이 조금도 귀찮거나 싫지 않습니다. 내 아들이기 때문입니다. 신앙생활은 이렇듯 하나님과 관계를 맺는 일입니다. 하나님 품에 안기는 법을 배워 마음의 평안과 안식을 누리는 축복받은 세계입니다.

주님, 이제 내가 교만한 마음을 버렸습니다. 오만한 길에서 돌아섰습니다. 너무 큰 것을 가지려고 나서지 않으며, 분에 넘치는 놀라운 일을 이루려고도 하지 않습니다. 오히려, 내 마음은 고요하고 평온합니다. 젖 뗸 아이가 어머니 품에 안겨 있듯이, 내 영혼도 젖 뗸 아이와 같습니다(시 131:1-2, 표준새번역).

오, 주여! 언제나 오시렵니까?

서산에 지는 노을 바라보며 아버지가 잘 부르시던 노래가 있습니다. 왜 이 노래를 좋아하셨는지 노래의 뜻이 무언지도 잘 모를 어릴 때였는데 이 노래를 들을라치면 괜스레 까닭 모를 서러움과 시리도록 서글픈 감정이 솟아오르곤 했습니다.

"낮에나 밤에나 눈물 머금고 내 주님 오시기만 고대합니다. 가실 때 다시 오마 하신 예수님. 오, 주여 언제나 오시렵니까. 먼 하늘 이상한 구름만 떠도 행여나 내 주님 오시는가 해 머리 들고 멀리멀리 바라보는 맘. 오, 주여 언제나 오시렵니까?"

6절까지 계속되는 이 노래는 알고 보니 일제 말기 신사참배를 거부한다는 이유로 감옥에 갇혀, 죽음보다 더한 고통을 당했던 믿음의 선조들이 조국 광복과 진리로 자유하게 되는 날을 그리며 부른 뜻 깊은 노래였습니다.

징용으로 끌려가고, 정신대로 잡혀 가고, 전쟁 나가 죽고, 전쟁 부역으로 끌려가고, 남아 있는 이들은 전쟁준비로 시달리고, 아이들은 일제 정신교육에 시달리고, 사랑하는 아들과 남편이 죽었다는 전사 통보가 날아오고, 순사들은 날뛰고, 초근목피 먹고 살기 점점 힘들어지던 시절에 신앙인들이 부르며 위로받던 노래입니다.

이보다 더 열악한 시대에 광야에서 세례 요한이라는 예언자가 나타나 "회개하라, 천국이 가까웠다!" 외치며, 지치고 고단한 민중들을 위무했습니다.

"메시아가 오신다. 오실 길을 예비하라. 평탄하게 만들어라. 회개하고 복음을 믿어라!"

하나님은 "슬픔과 고난의 보자기에 축복을 싸 주시는 분"입니다.

힘들고 고단한 인생살이에서 그것을 초월할 힘을 하늘로부터 받는 날이면 1년 열두 달 모두가 성탄절이요 부활절입니다. 구세주 예수 오셔서 어두운 내 맘 밝혀 주시고, 암울한 현실 속에서 새 하늘과 새 땅을 보여 주시는 하루하루가 바로 성탄절이요 부활절이 아니겠습니까?

생텍쥐페리의 〈어린왕자〉에 이런 말이 나옵니다.

"네가 오후 4시에 온다면, 난 3시부터 행복해지기 시작할 거야. 시간이 흐를수록 난 점점 행복해지겠지. 4시에는 흥분해서 안절부절못할 거야. 그래서 행복이 얼마나 값진 것인가 알게 되겠지!"

누가 누구를, 무엇인가를 기다린다는 것은 기다림 그 자체만으로도 복된 일입니다. 그러나 누구를 기다리며 무엇을 바랄 것인지 그것을 바로 아는 것은 참으로 중요합니다. 기다림은 기다리는 사람에게 '오늘'을 착실히 살도록 이끌어 줍니다.

희망을 품고 사랑으로 기다리는 자에게는 기쁨이 옵니다. 삶은 선물입니다. 삶이 선물이면 죽음 또한 선물입니다. 하나님이 주신 것이기 때문입니다. "낮에나 밤에 눈물 머금고 내 주님 오시기만 고대"하는 자에게 기쁜 날은 반드시 옵니다. 슬픔과 걱정 가라앉히고 간절히 오실 그이를 기다리는 하나님께 대한 그리움만 가슴에 품어 봅니다.

아들을 앞세운 비통함을 딛고

내 영혼아, 오직 하느님 품속에서 고이 쉬어라, 나의 희망은
오직 그분에게 있나니(시 62:5).

세 잎 클로버

네 잎 클로버는 행운을 상징한다고 해서 고 작은 놈을 찾아 들판을
헤맸던 적이 있습니다. 마음에 두고 있는 여자 아이에게 책과 함께
갈피에 넣어 주려 네잎 클로버를 찾았더랬습니다. 그런데 어느 책을
보다가 '네잎 클로버는 행운을 상징하지만, 세 잎 클로버는 행복을
뜻한다'는 글귀를 발견하고 놀랐습니다. 네 잎 클로버에 대해서는 많
이도 들었지만, 세 잎 클로버에 대한 얘기는 처음이었습니다.

네 잎 클로버를 찾기 위해 지천으로 널려 있는 세 잎 클로버를 밟
고 다녔는데 지금 생각하면 세 잎 클로버들에게 미안합니다. 네 잎
클로버를 찾기 위해 세 잎 클로버는 안중에도 없었는데 세 잎 클로버
가 행복이라니! 행운을 얻기 위해 행복을 무시하고 밟고 다녔던 것입
니다.

그동안의 신앙생활도 마찬가지였던 것 같습니다. 극적인 신앙체

험을 위해 일상에 숨어 계신 하나님을 외면했습니다. 일어날까 말까한 커다란 행운을 잡기 위해, 자기 옆에 있는 소소한 행복을 무시하면서 살았습니다. 옆에 있는 친구도 제대로 사랑하지 못하면서 나에게 맞는 사람만 애타게 찾아다녔습니다. 행복의 파랑새를 찾아 산을 넘고, 물을 건너 이리저리 헤매던 치르치르·미치르 남매가 가장 낯익은 곳, 바로 일상의 삶 속에서 행복의 파랑새를 찾았던 것처럼, 내 곁에, 내 안에, 내 위에 계신 하나님을 만나고 싶습니다.

한 송이 이름 없는 들꽃으로

초등학교도 못 나오신 부모님이 부끄러워 나는 학자가 되고 싶었습니다. 너무 가난하게 자랐기에 하고 싶은 것 마음껏 할 수 있는 부자가 되고 싶었습니다. 남의 논 소작을 붙이시던 아버지가 서러워 유명해지고 싶었고 힘을 갖고 싶었습니다. 그 열망이 나를 돈 한 푼 없이 무작정 미국까지 오게 했습니다.

빌리 그레이엄 목사님을 보면서 수십만 청중을 호령하는 설교자가 되고 싶었습니다. 마음만 먹으면 뭐든지 할 수 있다는 것을 보여 주는 로버트 슐러를 사랑했고, 열심히 읽고 모방했습니다. 그리고 그 효과를 많이 본 것도 사실입니다. 가난한 시골 놈이 서울 올라와 학교를 다녔고, 악착같이 야간대학을 다녔고, 풀타임 전도사에 풀타임 학생으로 신학대학원도 다녔고, 돈 없이 유학 와 박사학위 받고 연합감리교회에서 정회원 목사까지 되었습니다. 나름대로는 상당히 성공한 셈입니다.

그런데 문득 의문이 들기 시작했습니다.

'그게 무슨 의미가 있는가? 그게 내 인생과 무슨 상관이 있는가?'

철이 좀 들기 시작한 것입니다. 이런 질문과 함께 예수를 읽었습니다. 이런 눈으로 바울의 일생을 보았습니다. 그런데 이분들은 그런 것들과는 아무 상관도 없었습니다. 오히려 정반대였습니다.

시골에서 썩을 사람이 아니니 서울(예루살렘) 올라가서 그 능력으로 돈도 벌고, 권력도 얻고, 명예도 누리고, 인기도 얻으라고 예수의 동생들이 권고했습니다(요 7:3-4). 그 큰 능력을 갖고도 갈릴리 촌에서 아무 도움도 안 되는 가난하고 무식하고 볼품없는 무지렁이들과 함께 썩고 있는 예수 형님이 안타까웠던 모양입니다. 그러나 예수의 관심은 하나님의 뜻을 이루는 것이었습니다. 뜻을 이루는 일이라면 기꺼이 숨으실 수 있었고, 하늘의 뜻을 이루는 일이라면 기꺼이 위험과 고난 앞에 자신을 드러내셨습니다.

종교의 힘을 빌려 출세하고, 이름 내고, 돈도 벌고, 인기도 누리고, 권력도 얻으려는 동기가 나를 여기까지 오게 만들었습니다. 하지만 결국 그것이 나를 위하는 것이 아님을 조금씩 깨닫고 있습니다. 오히려 그렇게 살면서 내 영혼은 황폐해져 버렸습니다. 그렇게 사는 것은 내가 나에게 못되게 구는 것이었음을 본능적으로 느끼기 시작했습니다.

예수님이 조금씩 보이기 시작했습니다. 못 배운 부모에 대한 콤플렉스는 박사가 되어 어느 정도 보상이 되었습니다. 하지만 그것은 허탈감으로 이어지는 단순한 보상일 뿐이었습니다. 출세를 해 보겠다는 야망도 어느 정도는 보상받은 것 같습니다. 하지만 또 다른 욕망으로 옮아 갈 뿐 만족이 없습니다.

그래서 지금은 기도합니다. 따지지 않고, 내 것 챙기려고 남을 이용하는 것 그만두고, 주어진 은사 가지고 섬기는 기쁨으로 보상받는 사람이 되게 해 달라고. 그게 예수의 길이요, 그게 믿음이 주는 능력이기 때문입니다. 이것이 이름 없는 들꽃으로 하나님을 예배하고 찬양하는 길임을 알았습니다. 엄청난 대가를 치르고 나서야 깨닫게 된 보물입니다.

하나님의 뜻만 이룰 수 있다면 언제까지나 조용히 숨어 있을 수 있는 사람이 될 수 있고, 하나님의 뜻만 이룰 수 있다면 어떤 희생과 위험도 감수할 수 있는 큰 사람이 되고 싶습니다. 이것이 나의 기도요 소원입니다. 한 송이 이름 없는 들풀로도 감사할 수 있는 사람이 될 수 있기를 간절히 기도합니다.

내가 주님의 얼굴을 뵈올 때 무엇을 볼 것인지는
오직 희망 중에 기다릴 뿐입니다.

뜻밖의 선물

지옥 체험이라는 것이 있습니다. 최악의 상황으로 들어가 그 고통을 견뎌 보는 것입니다. 이번 휴가는 흡사 이런 체험이었습니다. 저희에게 있었던 상실의 아픔과 고독, 그리고 그에 대한 묵상과 정리는 잊힌 아픔을 다시 꺼내 후벼 파는 듯했습니다. 긁어 부스럼 만드는 것은 아닌가 싶었지만 고통은 피하는 것이 아니라, 깊숙이 들어가 경험함으로 없어지는 것임을 나름대로 일찌감치 공부한 것이 있어 믿었습니다.

십자가의 고통을 피하지 않고 그 속으로 묵묵히 들어가 체득하심으로 인류의 고통을 풀어내신 그리스도를 본받아 내 고통만이라도 그 속에 깊숙이 들어가 보려 했습니다. 울다가 웃다가 고독과 외로움을 온몸으로 견디면서 한 달을 보냈습니다. 그리고 집으로 돌아왔습니다.

식구들에게는 미안했습니다. 휴가는 가족과 함께 보내야 하는데 혼자 있다 왔으니 말입니다. 전에는 공부한다고, 이제는 책을 쓴다고 혼자 보내고 왔으니 그리 좋은 아빠나 남편은 못 되는 모양입니다. 이런 죄책감에 전부터 마음먹고 있었던, 딸 방을 새로 정리해 주는 일을 드디어 실천에 옮겼습니다. 책상을 새로 배열하고 책장을 새로 구입해 정성껏 꾸몄습니다. 딸아이가 참 좋아했습니다.

쓰레기가 여러 봉지 나왔습니다. 현택이가 쓰던 물건도 드디어 정리했습니다. 그러다 딸아이가 써 놓은 글을 발견했는데, 그것이 그동안 갈등하던 문제 하나를 해결해 주었습니다. 뜻밖의 선물이었습니다.

저희 부부는 아들 문제를 곧잘 얘기하는데 딸아이는 오빠에 대한 말을 일절 하지 않아 걱정을 많이 했습니다. 오빠의 상실을 어떻게 극복하고 있나? 그것이 늘 걱정이었습니다. 혹시 앞으로 살아가는 데 큰 장애가 되지는 않을까? 혹 남자 친구 사귀는 데 문제가 되지는 않을까? 그런데 딸아이 방을 정리하다가 죽음에 대한 생각을 정리한 글을 발견한 것입니다. 가슴 두근거리며 딸아이의 마음을 따라 읽어 내려갔습니다.

오빠가 아픈 것, 간절히 기도했는데 세상을 떠난 것, 그리고 오빠가 없는 상실감과 하나님께 대한 물음을 솔직하게 제기했고, 하나님께서 오빠에게 가장 좋은 일을 하셨으니 기뻐해야 한다는 어라이즈 수련회에서의 설교가 이해되지 않았고, 기뻐해야 한다는 말씀도 와닿지 않았다는 것 등을 상세히 기록했습니다. 남몰래 오빠 생각을 하면서 밤에 울던 얘기도 있고, 풀리지 않는 신학적 문제와 씨름한 얘기도 썼습니다. 그런데 오빠 생각하면서 오빠가 사 주고 넣어 준 음악을 들으며 답을 얻었다는 내용입니다.

오빠가 녹음해 준 "나는 오직 희망 중에 기다릴 뿐"(Mercy Me, I can only imagine)이라는 노래를 듣다가 다시 듣기를 몇 날 밤, 딸은 울고 말았답니다. 오빠에 대한 그리움 때문이 아니라 하나님이 주신 대답 때문이었습니다. 그 노랫말에 들어 있는 내용이 딸에게 오빠의 죽음의 의미를 가르쳐 준 것입니다.

딸아이의 글을 읽고 그 노래를 들어 보았습니다. 그리고 그 노랫말을 지은 작사자에 대해서도 찾아보았습니다.

"이 노래는 어디엔가 하나님이 계실 거라고 막연하게 추측하는 것이 아니라 영원을 함께 나누고 싶어 하시는 살아 계신 하나님의 간절한 사랑에 휩싸여 밤에 깊은 휴식을 취하는 그런 음악입니다."

아버지가 암과 싸우다 돌아가셨고, 아버지가 하나님과 함께 계실 것이라는 사람들의 말에서 위로를 찾지 못하던 18세 소년이 어느 날 갑자기 내린 영감 어린 대답을 휴지에 적어 내려간 것이 유명한 노래가 된 것입니다. 8분 만에 완성된 곡입니다. 아버지 잃은 고통 중에서 얻은 이 시가 딸아이의 문제도 해결해 준 것입니다.

영결한 오빠와 언젠가는 만날 것이라는 단순한 희망이 아니라 오빠와 함께 지금도 하나님을 예배할 수 있고 언젠가는 함께 예배할 수 있을 거라는 희망이 적혀 있었습니다. 딸아이는 이 영원이 지금부터 시작이라는, 아주 어려운 신학적 문제를 해결한 것입니다. 신학을 전공한 아빠보다도 열두 살 딸아이가 음악 속에서 더 깊은 신학적 사색을 하고 있었습니다. 아빠보다 순수하기 때문일 것입니다. 내 아픔에 대한 신학적인 대답도 듣고 딸아이가 어떻게 슬픔에 대처하는지도 알게 된 뜻밖의 선물을 휴가 마지막에 받았습니다. 참 많이 고마웠습니다.

온갖 훌륭한 은혜와 모든 완전한 선물은 위로부터 오는 것입니다(약 1:17).

나는 오직 희망 중에 기다릴 뿐

내가 주님 곁에서 함께 걷는 것이
어떤 것인지는 그저 상상할 뿐입니다
내가 주님의 얼굴을 뵈올 때
무엇을 볼 것인지는 희망 중에 기다릴 뿐입니다

예수님 앞에 내가 섰을 바로 그때를
희망 중에 기다릴 뿐
주님 앞에 섰을 때 내가 드릴 수 있는 것은
영원히 당신을 찬양하며 예배하는 것입니다

주의 영광에 둘러싸이게 될 때
내 마음이 아는 것은 나의 주님 예수 앞에서 춤을 추거나
당신의 영광에 싸여 그저 침묵할 수밖에 없을 것입니다
내가 당신 앞에 서 있거나 당신 앞에 무릎 꿇고 앉아서
그때 내가 할 일은 할렐루야 찬송 부르는 것입니다
아니, 드리고 싶은 말 모두 당신에게 드릴 것입니다
지금은 오직 희망 중에 기다리지만

뜻밖의 선물
An Unexpected Gift

2008. 7. 11. 초판 발행
2014. 9. 15. 6쇄 발행

지은이 홍석환
펴낸이 정애주
곽현우 국효숙 김기민 김의연 김준표
김진성 박상신 박세정 박혜민 송민영
송승호 염보미 오민택 오형탁 윤진숙
임승철 정한나 조주영 차길환 한미영

펴낸곳 주식회사 홍성사
등록번호 제1-449호 1977. 8. 1.
주소 (121-885) 서울시 마포구 양화진4길 3
전화 02) 333-5161
팩스 02) 333-5165
홈페이지 www.hsbooks.com
이메일 hsbooks@hsbooks.com
트위터 twitter.com/hongsungsa
페이스북 facebook.com/hongsungsa
양화진책방 02) 333-5163

ⓒ 홍성사, 2008

ISBN 978-89-365-0259-1 (03230)